Intergovernmental
Transfers and Regional Equalization
for Basic Public Service

政府间转移支付与
区域基本公共服务均等化

方元子 / 著

中国财经出版传媒集团

经济科学出版社
Economic Science Press

序言

本书是作者方元子在其博士学位论文的基础上修改而成的。2011年，她以优异的成绩考入暨南大学，在经济学院财税系攻读博士学位。经过3年多的刻苦钻研，完成了学习和科研的各项任务，顺利地获得了经济学博士学位。她是我指导的第一个博士研究生，作为导师，得知她的学位论文即将由经济科学出版社出版，喜悦之情不亚于她完成博士论文的那一刻。

本书主要是研究政府间转移支付与基本公共服务均等化之间的逻辑关系。之所以选择这样一个主题进行研究主要是出于两个考虑：一是基本公共服务均等化问题引起了当时中国社会的普遍关注，亟须从公共财政的角度进行科学的理论阐释和实证分析；二是作者本人在硕士期间所学的专业是区域经济学，以《政府间转移支付与区域基本公共服务均等化》为选题，能够很好地将作者的知识储备发挥出来。事实证明，做这样的选择是正确的，本书的最终成果体现了财政学和区域经济学两个二级学科交叉的优势。

基本公共服务均等化是一个非常有中国特色的概念。国外学者在研究与此相关的问题时，通常使用"fiscal equalization"即"财政均等化"。基本公共服务均等化是指各级政府对所辖区域的居民提供公共服务的数量和质量大致相同，反映的是产出均等；而财政均等化是指各级政府对所辖区域居民的财政支出数量大致相同，反映的是投入均等。因此，研究中国的基本公共服务均等化问题要避免简单地套用国外学者使用的财政均等化概念。在这方面，本书作者的把握还是合适的。

关于基本公共服务均等化问题，大致有如下几个研究方向可供选择：（1）基本公共服务均等化的可及性；（2）基本公共服务均等化水平的测算及评估；（3）实现基本公共服务均等化的制度设计；（4）影响基本公共服务均等化水平的因素分析；（5）基本公共服务均等化对经济社会等各个方面所施加的影响。在过去的一段时间里，学术界对前三个问题的探讨是比较充分的，解决了很多现实中所遇到的突出问题。但对于后两个问题的研究还有待进一步加强。唯有如此，才能使基本公共服务均等化理论更加完善，更好地服务于中国特色社会主义建设的伟大实践。本书的作者对基本公共服务均等化问题的研究属于第四个研究方向的范畴，分析了政府间转移支付这个因素对区域基本公共服务均等化的影响。很显然，这样的研究对于丰富和发展基本公共服务均等化理论起到了添砖加瓦的作用。

在实践中，政府间转移支付是解决区域间基本公共服务不均等的重要手段。政府间转移支付包括纵向转移支付和横向转移支付，本书作者选择了中央对地方的纵向转移支付作为研究对象。在纵向转移支付居于主导地位且横向转移支付数据缺乏的条件下，做如此选择是可以理解的，也是可以接受的。

概括起来，《政府间转移支付与区域基本公共服务均等化》一书的主要特色，主要表现在两个方面：一是从制度设计所产生的内在激励机制来审视中国在以转移支付促进均等化过程中所面临的国情约束和体制障碍；二是初步探讨了地区间公共支出成本差异对中央财政转移支付分配所施加的影响，而这种影响关乎区域基本公共服务均等化的实现程度。

中共十八届三中全会提出财政是国家治理的基础和重要支柱，十九大报告又明确了当前中国社会的主要矛盾是人民日益增长的美好生活需要和不平衡不充分的发展之间的矛盾。要解决不平衡不充分的矛盾，实现区域基本公共服务均等化仍然是中国社会发展要补的短板，而财政正是补这个短板不可或缺的手段。基于这样的判断，在习近平新时代中国特色社会主义思想的指导下，关于基本公共服务均等化问题的研究仍需进一步深化。

最后感谢作者的盛意，要我写这个序言。

暨南大学经济学院 冯海波

2017 年 11 月 3 日

目录

第1章

导　　论

1.1　研究背景与问题的提出

中国改革开放以来，经济总量持续增长，人民生活水平持续改善，但地区差距也日益突出。地区差距这一客观现象在世界各国的发展进程中普遍存在；从中国所处阶段和国情特征看，其扩大趋势不可避免。问题在于，中国的地区差距不仅是自然地理及其他禀赋差异所致，制度与政策才是主要原因（中兼和津次，1994）。这一点在公共服务领域也有集中的体现。

在传统的计划经济体制和城乡二元社会格局下，中国采取的是以"单位、集体"为主的公共服务保障机制。在城市，由各"单位"提供养老、医疗、住房等公共福利；在农村，这一功能则通过各"集体"来实现。在经济发展水平较低的情况下，这种基本公共服务供给模式虽然在不同的户籍、不同的所有制单位以及群众与干部之间造成了显著的结构性差异，但在同一个单位和集体内部却具有较大程度的平均主义倾向，因此人们普遍享有基本的医疗卫生、教育等公共服务。就公共服务的可及性而言，大致是公平的（汪玉凯，2008）。

在中国经济社会开始转型后，情况出现了变化。单一的公有制经济逐步向多种所有制形式演化，农村和城市的经济社会单位改革先后发生，传统基本公共服务供给方式所依附的体制基础不复存在。在农村，以家庭经营为主体的经济组织形式代替了原有的集体经济组织形式，农民的生产劳动方式趋于多样化，经济活动空间从本土化区域活动拓展到市场化全方位的活动。但在农民从"集体人"向"自由人"转变的过程中，家庭联产责任承包制却未能迅速弥补农村传统公共服务体制消解后的体制"真空"。在城镇，国有企业转型导致大量的下岗和失业人员，但改革在一味强调"减负"、摆脱"企业办社会"局面的同时，也没有从政策上、制度上有效地为企业分流人员提供基本公共服务保障。最终的结果是"单位人"、"集体人"都转变为"社会人"，原本由单位和集体承担的公共服务供给职能被全盘推向市场，再加上政府部门在公共服务领域的职能缺位，导致公众享受的公共服务普遍减少。

政府的这种职能缺位在很大程度上与财政运行机制密切相关。计划经济体制时期，以低价收购农副产品和城市职工低工资制为基础的特殊财政收入机制，使得国家财政几乎集中了物质生产部门创造的所有纯收入。大而宽的财政职能范围和事无巨细、包揽一切的支出格局、高度集中的财政管理体制，也使国家财政控制了各部门、各地区及各企事业单位的大部分支出，成为资源配置的主体。虽然当时的财政职能远远超越了满足社会公共需要的范畴，但主要目标是加快实现工业化，为满足国民经济建设提供财力保障，造成财政"重经济建设，轻人民生活"的现象，客观上抑制了人民群众生活水平的正常提高（高培勇、温来成，2001）。基本公共服务领域在此期间呈现出低水平的均衡，其实质是一种匮乏的公平。

在20世纪80年代以"放权让利"为主调的经济体制改革中，财政管理体制由"高度集中、统收统支"转向中央与地方之间"分灶吃饭"——按行政隶属关系，明确划分中央和地方财政收支范围，地方以收定支、自求平衡、包干使用。适度分权让各地方政府逐步成为独立的利益主体，对本地区的经济社会事务享有高度的自主决策权。更重要的，在中国特色的政治集中与财政分权背景下，政治晋升和财政收入的双重激励促成地方政府向增长型和竞争型政府的转变，却忽视了对其公共服务职能的塑造和培育（Blanchard and Shleifer，2001；周黎安，2007）。所以，尽管这一制度安排被认为是缔造中国经济高速增长奇迹的关键（林毅夫等，2000；张军，2007），也使抑制基本公共服务供给的体制激励从国家层面延伸到了地方。

这一激励经由 1994 年的分税制改革得到进一步强化。从长期看，分税制改革意在突破"放权让利"传统思路的束缚，搭建重构财政运行机制的基本框架，规范中央和地方之间的财政关系。但改革本身并不彻底，许多措施内容都带有浓厚的过渡性和变通性色彩。无论整体效果如何，以 1994 年为分界线，财政收入的集权趋势十分明显。然而，分税制改革并未涉及对中央与地方间支出责任划分的调整。与"分灶吃饭"时期一样，地方政府仍然需要承担大多数公共服务的筹资任务。中央政府将大量的支出责任下放至地方层级，预算财政支出中由地方负责的部分要占到 70% 左右，这一程度不仅超过了多数联邦制国家，在转轨和发展中国家当中也独树一帜（黄佩华，2005）。在强调收入集权的分税制改革后，地方政府的预算压力日渐沉重，在地区间更是苦乐不均。越是基层政府，财政收支压力就越大，地方上的应对手段要么是想办法增收，要么是压缩开支或赤字运行。与经济发达地区不同，落后地区往往没有所谓的"建设型财政"，能维持政府机关的正常运作已属不易，谈不上建设，更谈不上民生，是典型的"吃饭财政"。1998 年末，全国财政工作会议提出要构建公共财政的基本框架，建立一个与市场经济体制相适应、以满足社会公共需要为目标的财政运行机制；继续支持和深化科技、教育与社会保障等公共服务领域的改革。但在增长激励明确和收支权责不对等的情况下，上述改革措施在地方层面无法得到充分贯彻。对地方政府而言，尽量压缩科教文卫支出，将有限的财力资源集中在招商引资、兴建基础设施或其他短期内能产生经济增长效应的项目上才是更合乎自身利益的选择。

进入 21 世纪，从多项经济社会发展量化指标看，中国开始由生存型社会向发展型社会过渡。在这一进程中，广大社会成员的公共需求全面、快速增长，但地方财政"重经济建设、轻人力资本与公共服务"的支出结构倾向依然存在，成为公共服务水平提升的直接障碍（傅勇、张晏，2007）。在一致的增长型支出偏好下，地方政府的财政能力差异最终演变为地区间基本公共服务差距。2005 年，各地区在教育、科学、医疗卫生和社会保障方面的人均财政支出的变异系数值分别为 0.59、1.49、0.8 和 0.69；极差率则达到了 6.01、26.39、11.04 和 13.95。而这一年，中国人类发展指数最高的省份比最低省份高出 47%（见图 1-1）。从国际对比的视角观察，

2007 年上海和北京的人类发展程度已堪比欧洲的塞浦路斯和葡萄牙等高人类发展指数国家，贵州等西部地区的人类发展程度只相当于非洲的博茨瓦纳和纳米比亚。可见，过大的基本公共服务差距已经成为经济发展差距向人口素质差距转化的助推力。

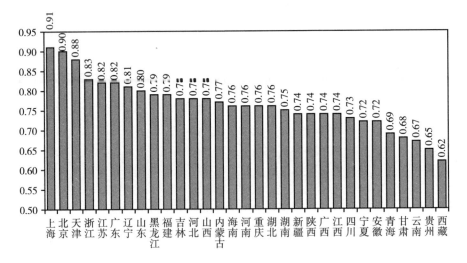

图 1 - 1　2005 年中国各地区人类发展指数

资料来源：中国（海南）改革发展研究院，《中国人类发展报告 2007/08——惠及 13 亿人的基本公共服务》，中国对外翻译出版公司 2008 年版，第 117 页。

在全面审视改革开放近 40 年来的经验和教训后，基本公共服务均等化这一关系到社会公平和政治稳定的重要议题，逐渐进入决策层视野。从 2005 年 10 月出台的《国民经济和社会发展第十一个五年规划纲要》到 2012 年 11 月的党的十八大报告，都明确指出均等化既是缩小区域差距的重要手段，也是财税体系建设和转移支付制度完善的目标，更与行政管理、社会管理等多项体制的改革与建设紧密相关。问题的焦点已经由"是否实施均等化、在哪些领域实施"的理论探讨，过渡至"实施什么样的均等化以及如何实施"的制度设计与治理变革，尤其强调了公共财政对均等化实施的保障能力。具体而言，就是要"明确政府间事权和支出责任，完善转移支付制度和健全基层财力保障机制"[①]。

---

① 参见《国家基本公共服务体系"十二五"规划》，载《光明日报》2012 年 7 月 20 日。

从现实角度看，中国的均等化路径是在不改变现有分权体制框架的前提下，依靠转移支付促进地方政府间的财力均等，以保障地方政府提供公共服务的能力大致均衡，这与联邦制国家推行均等化的方式极为相似，但实施效果却相去甚远。转移支付制度设计仅是问题的一个方面，关键在于，作为转型中的单一制和发展中大国，中国尚不具备单纯依靠转移支付促进基本公共服务均等化所需的制度环境。因此，讨论转移支付促进基本公共服务均等化的实现机制与约束条件，考察中国以转移支付促进基本公共服务均等化的实现程度和面临的体制障碍，将成为本书的研究重点。

本书就以下若干问题做了系统研究：（1）如何理解中国在经济社会转型时期出现的区域基本公共服务差距问题？（2）转移支付促进基本公共服务均等化的路径机制如何？还需满足哪些条件？（3）作为转型中的单一制大国，中国推行基本公共服务均等化的方式有何特殊之处？（4）财力均等化和基本公共服务均等化之间关系为何？对中国这样处于转型期的发展中大国，财力差距的缩小是否意味着基本公共服务均等化水平的提高？（5）通过转移支付实现基本公共服务均等化的制度基础是什么？

本书旨在为均等化研究提供来自转型和发展中国家的经验事实，强调制度环境差异对转移支付均等化效果产生的影响，丰富和拓展现有的研究成果；另外，尝试探寻适合中国国情的均等化制度框架，为完善公共财政体制、实现基本公共服务供给的有效性和公平性提供建设性意见。

1.2　文献述评

1.2.1　地区间公共服务均等化问题的相关研究

尽管均等化的思想和实践最早兴起于澳大利亚、加拿大和瑞士等西方发达国家，但公共服务差距问题从来就不是研究关注的重点，现实中这些国家的地区间公共服务供给水平也并非均等。根本原因在于这些国家人口规模或面积并不大，经济社会发展水平较高，公共财政体制较为完善，地区间差距的严重性和复杂性有限。其次是西方国家的联邦制体制与民主选举制度。联邦制国家多数都对地方财政的独立性予以宪法层级的认可，而以民主选举、"以手投票"的方式保障地方公共服务提供与公众需求偏好一致。人口流动机制也是一个重要原因。在人口自由流动的情况下，地区间公共服务差距所引发的社会公平问题，还可以通过"以足投票"进行弥补。在上述前提下，解决公共服务差距问题的关键就是通过建立均等化转移支付体系实现财政均衡。因此，国外的相关研究大致可以分为三类，包括对财政非均等水平的度量与成因分析、财政均等化的影响效应和均等化（转移支付）制度的设计与评价。

首先，度量问题。基于对均等化的理解，国外研究多以财政能力，确切而言是以财力作为均等化的度量标准，如财政收入、财政支出或可支配财力等。麦克卢尔（Mclure，1994）曾对俄罗斯的税权分配和财政联邦主义进行分析，发现俄罗斯的地区间财力存在着很大差异，且主要是由各地区所拥有的自然资源（如石油）分布不均造成的。斯拉凯（Slukhai，2003）对俄罗斯、罗马尼亚和乌克兰三国的财力差异现状进行比较分析，尤其关注三国不同的政府间财政体制安排引致的均等化模式、制度和效果的差异，分析显示了东欧转型国家内部日趋上升的财力非均衡态势。霍夫曼和格拉（Hofman and Guerra，2007）采用变异系数测算了东南亚各国与中国的财力差距，认为中国、印度尼西亚、菲律宾和越南四国的地区间财力差异都很大，由此导致其地方政府提供公共服务的巨大差异。美国未建立通常意义上的均等化转移支付体系，其地方财政差异在1962~2002年间仅在边际上呈现降低的态势。即便如此，其人均地方公共支出的变异系数值仍低于中国的1/3，低于俄罗斯的1/10（Martinez - Vazquez and Timofeev，2010）。

其次，财政均等化的影响效应研究。布坎南（Buchanan，1950）认为均等化有利于实现财政公平；而支持均等化可以增进效率的研究认为，在允许人口自由流动的联邦制国家，均等化的实施能够减少辖区之间个体的财政剩余差异（Buchanan and Wagner，1970；Buchanan and Goetz，1972）；降低财政性迁移带来的效率损失（Wildason，1980；Boadway and Flatters，1982）。达尔比和威尔逊（Dahlby and Wilson，1994）还从最优税制理论视角提出了实施均等化的理由：最优规模的均等化转移支付能够最小化地方政府提供公共服务的社会成本。但鲍德威（Boadway，2004）的研究也表明，如果是由于联邦体制本身造成的地方政府决策偏离社会福利最大化的要求，单纯依靠均等化并无法实现公平或效率的改进，还必须倚靠其他政策工具。与其他再分配项目类似，均等化也会因为对地方政府的逆向激励而产生无效率的结果。

实证研究方面，博伊奈、鲍威尔和阿什沃斯（Boyne，Powell and Ashworth，2001）采用英国 38 个县的样本数据，考察了公共服务需求、收入能力和努力程度因素对地区间公共服务均等化的影响，发现人均财政支出与公共服务需求具有很强的正相关性，与地区财政收入和税收努力程度之间则保持负相关和微弱相关的关系，这意味着英国的转移支付体系在促进地方财政横向均衡方面效果较为理想。赫尔和瑟尔（Hull and Searle，2007）讨论了澳大利亚的均等化模式对地方公共服务提供的影响。结果显示，同时考虑收入能力和支出需求的均等化模式有效地保障了各州提供标准公共服务的财政能力，但除了教育以外，其他公共服务的提供水平在地区间并未出现趋同，而是表现为"多样化的均等"（equality in diversity）。这十分接近罗默（Roemer，2013）所阐释的均等化理念，后者理解的财政均等化就是一种旨在具有异质性偏好的个人间实现机会公平的再分配体系。然而，佩奇和列维奇科夫（Petchey and Levtchenkove，2007）却认为，财政均等化并不利于经济绩效的改进。转移支付分配公式中的内生性因素将扭曲地方财政支出行为，造成地方公共品的次优提供；而一个致力于实现横向财政均衡的转移支付体系可能会造成无效率的要素空间配置，并不符合经济效率的要求。

此外，虽然均等化首要关注的是如何消除由公共部门活动引致的地区间净财政收益的差异，而不是地区间经济收入差异，但财政均等化是否利于缩小区域经济差距的问题一直备受关注。凯斯勒和莱斯曼（Kessler and Lessmann，2010）的研究考察了均等化转移支付对地区间差距的影响，其理论分析显示转移支付阻碍了有利于区域经济趋同发展的人口流动；而从采用 1982～2000 年 23 个 OECD 国家样本进行的实证检验结果来看，转移支付规模与地区差异呈正相关关系：转移支付规模增长的国家内部差距也逐渐扩大，反倒是转移支付水平较低的国家内部差异较小，甚至出现了一定程度的趋同。其后续研究发现在人口自由流动的前提下，地区间转移支付可能引发看似自相矛盾的后果。对于那些财政自给程度较高、经济收入水平和财政政策较为接近的地区而言，转移支付往往引致地区间经济差距增大，但却有利于缩小地区内部居民收入差距，即出现俱乐部趋同现象——高收入居民家庭居住于一个地区而低收入家庭聚集在另一个地区（Kessler，Hansen and Lessmann，2011）。

最后，财政均等化制度设计与评价。对均等化研究而言，所有结论的重心和指向最终将归于制度设计。从理论上来说，如果按照地方政府相对于其他地区的税收能力、公共服务的相关需求以及提供成本设计转移支付，那么中央政府的拨款就能够消除这些净财政收益上的差距。美国政府间关系咨询委员会（Advisory Commission Intergovernmental Relations，ACIR）在其1986年的报告中，对财政能力测度的方法做了详细描述，并且应用1975~1983年的数据，测算了各年度的财政能力。汉森（Hanson，1961）、克拉克（Clark，1969，1983）和库尔辛（Courchene，1984）等加拿大学者曾从理论上关注和探索过支出需求的测度问题。沙阿（Shah，1996）认为，尽管加拿大的均等化模式着眼于财政收入能力，但十分有必要对支出需求予以考虑。

具体到有效衡量地方财政能力和支出需求的问题，珀洛坎（Peloquin，2007）提出了良好的衡量标准所应具备的相应特征：客观中立、激励相容和可问责性。施潘（Spahn，2007）认为设计均等化转移支付公式时，有至少两个方面的因素需要考虑，一是均等化的参照标准，二是均等化的目标程度。形成均等化标准的因素必须是客观和可量化的，均等化程度的选择则必须符合各国社会价值判断和实际发展水平。

上述文献仅仅关注了均等化转移支付的设计问题，缺乏对整个制度框架的思考。沙阿（2007）从新制度经济学视角初步构建了均等化制度评估体系，比较了各类制度安排的（社会）交易成本与后果，结论认为：均等化制度设计的成功不仅取决于与政府内部结构相关的激励机制，也取决于实施机构与各参与方之间的相互影响。马丁内兹和博克斯（Martinez-Vazquez and Boex，1997）曾对同时考虑资源要素和需求要素的澳大利亚均等化模式表示肯定与推崇。沙阿却认为无论从理论上看还是实践上看，基于对高昂的公众参与和监督成本、立法成本、决策制定与代理执行成本和最终绩效的综合评价，类似澳大利亚这种由独立机构负责均等化实施的制度安排，在提高透明度、公平度和可问责性方面的作用被夸大了。

　　不难看出，国外文献对均等化问题的认识和研究始终定位在财政均衡层面，政策建议也集中在转移支付制度设计，一方面尽可能地消除净财政收益差异，另一方面竭力压缩地方财政机会主义行为的空间。固然这是因为在民主选举、人口流动和公共财政等相对健全的体制环境中，公共服务非均等的主要原因归于财政横向失衡；在联邦制国家，作为财政分权的辅助性制度，实施均等化仍然需要尊重各地区的独立性和异质性，不能强求结果层面的整齐划一，全盘否定地方提供公共服务的效率优势，违背分权的政治传统。站在纯理论的层面，均等化有利于实现财政公平，矫正分权造成的效率损失，也得到了部分实证研究的支持，但远远谈不上得出定论。无论是公共品的提供还是整体经济绩效，均等化是否能够促进公平与效率，高度依赖于样本地区的经济社会发展水平与制度环境特征；至于能否缩小地区间的经济差距，更是超出了均等化实施的目标范畴。总体来说，国外研究对以中国为代表的转型和发展中国家有一定的借鉴意义，但结论的适用性非常有限。

　　针对中国的均等化研究则侧重于问题导向型，而且呈现显著的阶段性特征。最初的讨论主要基于基本公共服务非均等化的财政体制诱因，并由此提出解决方案这样一个分析架构。研究文献也可分为对均等化水平的度量、造成公共服务非均等化的财政体制根源与相关改革建议。随着第二代财政分权理论视角的引入，政治体制和地方治理等因素也逐步被纳入均等化研究中。

　　中国学者对均等化的理解存在两种基本观点。第一种认为均等化问题的核心是对公共财政资源的公平分配（项继权、袁方成，2008）；第二种观点则更注重公共服务均等化的实质意义，强调对结果的考察（安体富、任强，2007）。这种差异导致对中国均等化水平的度量，也涉及公共服务供给的财政能力和供给结果两个层面，并且近年来呈现融合的趋势。

　　关注财政均等化水平的文献，在指标、方法、考察期和结论上都有着较大差异，但基本判断是一致的。无论是区际或省际，以人均财政收支为衡量标准，中国的地方财政差距在 1994~2005 年间显著拉大，其后逐渐趋于稳定，但没有明显的缩小迹象（张恒龙等，2006；张恒龙等，2013；江庆，2009；孙勇，2009；田发，2010）；从县级层面观察，财力差距更是存在扩大趋势且呈现较高的持久性（尹恒等，2010）。具体到对各项公共服务的投入方面，财政支出在医疗卫生（王晓洁，2009；冯海波和陈旭佳，2009）、基础教育（李晓嘉、刘鹏，2009；王莹，2009；温娇秀和蒋洪，2013）和公共文化（王晓洁，2012）的地区间差异逐步减少，但地区内部差距仍未得到有效控制。社会保障的覆盖程度有所上升，但水平和标准上的地区间差异依然很大（丁元竹，2009）；公共就业服务的均等化程度也不容乐观（王飞鹏，2012）。

从基本公共服务产出和结果的角度观察得出的结论也很丰富。安体富、任强（2008）的研究构建了一个包含 4 个级别、25 个指标的公共服务指标体系，采用综合评价法对 2000~2006 年的公共服务及其均等化水平做评价，结果显示中国地区间的公共服务水平差距逐步扩大。其后续研究将考察期延长至 2010 年，发现中国的基本公共服务差距仍在扩大，变异系数值从 2000 年的 0.19 上升至 2010 年的 0.25，而美国的同等指标仅为 0.1（安体富，2012）。吕炜等（2010）通过计算各地区人均受教育年限的基尼系数，对中国 1996~2007 年间的教育均等化水平做度量，结论显示考察期内教育的水平和差距均有所改善；王郁和范莉莉（2012）构建了以投入、资源、服务和结果四要素为维度的环保公共服务均等化指标体系，对 2008 年的省级样本进行测算研究，认为环保领域非均等化最大的成因是财政投入和服务资源的不均等。

具体到基本公共服务非均等化的体制诱因，学者们多数倾向于"能力"说，即公共服务差距源于各地区财力差异和不规范的转移支付体系。一般认为在初次分配环节，中央可以通过税种划分和共享税比例划分影响后的地区财政差距，增加中央税种、共享税种或提高共享税的分享比例等措施更有利于缩小地区间财政差距（李齐云、刘小勇，2009）。再分配环节则依靠转移支付体系对地区间财政差距进行调节。但中国的转移支付制度设计过渡性色彩浓厚，对既得利益和纵向财政平衡的关注居主要地位，横向均衡效果并不显著，甚至出现了逆均等化趋势；而在职能和事权划分不明的情况下，其纵向平衡的实质依然是不平衡的（曾军平，2000）。尤其是在直接向民众提供基础教育、卫生和社会保障等基本公共物品的县级层面，转移支付造成了近一半的财力差异，而又以专项补助和税收返还的非均等性最强（Tsui，2005；尹恒等，2007；李一花等，2012）。2002年所得税分享改革后，转移支付体系的均等化效应开始显现：一般性转移支付的均等化效果最好，专项转移支付次之，就连税收返还也对缩小地方财力差距略有贡献（李萍，2010；曾红颖，2012；张恒龙、葛骅，2012）。但郭庆旺、贾俊雪（2008）的研究认为，转移支付在促进地方公共服务发展和均等化之间难以两全，比如转移支付有利于公共医疗卫生服务在各省间的均等，但抑制了其发展；促进了公共交通基础设施服务的发展，但加剧了其省份差异；对基础教育则不具有显著影响。同时，由于拥有集中财力的中央主管部门决策权过大、过细，通过专项转移支付要求地方财政配套资金规模大大超过地方财力。地方财政还保留着"分灶吃饭"的体制特征，收支水平与GDP直接相关，所以地区间公共服务水平差距依然明显（倪红日、张亮，2012）。

也有学者认为，相对于财政能力，地方政府的支出偏好对公共服务差距的影响更为关键。在中国式分权背景下，强烈的政治与财政激励扭曲了地方政府的支出偏好，财政资金更热衷于流向短期增长效应显著的公共投资，与民生息息相关的基本公共服务却容易受到忽视。越是落后地区，发展经济的动机越强，支出结构扭曲的程度也越高（丁菊红、邓可斌，2008；吕炜、王伟同，2010）。因此财政分权体制下地方政府的支出偏好具有空间异质性，在地方财政能力存在差距的条件下，这种异质性得到进一步显示和强化，导致了区域基本公共服务供给上的差异（官永彬，2011）。

促进基本公共服务均等化的政策建议涉及面较广，但落脚点较多地集中在财政体制改革方面。刘尚希（2007）认为，逐步实现基本公共服务均等化，需充分考虑财力与制度的结合。对均等化而言，财力是前提，但财力的分配涉及支出结构的改革和政府间财政关系的改革，都是复杂的制度性问题。从逻辑上看，是制度决定了财力的配置，进而决定了基本公共服务均等化的结果。常修泽（2007）也强调了财政体制要向公共财政体制转变，财政支出要退出长期处于"与民争利"状态的竞争性项目，加大对基本公共服务领域的投入；同时，加大转移支付的力度，弥合地区间公共服务的差距。"基本公共服务均等化与政府财政责任"课题组（2008）认为，财政在推进基本公共服务均等化进程中责无旁贷也大有可为。当务之急是优化支出结构，增加对基本公共服务供给的投入，建立健全支出绩效评价机制以保障财政资金的使用效率；强化转移支付对各地各级政府提供基本公共服务的保障程度；中长期内，深化财政管理体制改革，合理划分各级政府的事权和财权，构建实现基本公共服务均等化所需的制度基础。类似的，田发、周琛影（2013）也提出：首先，要明确基本公共服务支出责任分工，逐步将适合更高一级政府承担的核心公共服务上移到省级或中央政府来统筹；继续加大对中西部欠发达地区的基本公共服务财政投入，鼓励发达地区进行定向援助、对口支援和对口帮扶。其次，要提高区域财政的自生能力，改进现行税收分享体系，形成均衡性税收收入分配格局。

在具体的实施层面，各研究形成的基本结论是建立以实现基本公共服务均等化为导向的转移支付体系。金人庆（2006）、楼继伟（2006）均认为，首先，要增加一般性转移支付规模，优化转移支付结构，加大对中西部地区的补助力度；其次，要加强对转移支付的监管，特别是中央对地方专项转移支付；最后，建立起科学的激励约束机制和监督评价体系，提升中央转移支付的效果。熊波（2009）提出了一个系统的改革转移支付的思路，主要包括：首先，建立和完善财政转移支付的制度与法律体系；其次，优化转移支付的结构；再次，改进一般性转移支付的计算方法，先在行政、基础教育和公共卫生等基本公共服务领域考虑支出需求因素。贾晓俊（2011）建议均等化目标可以通过增加转移支付方式或事权上划两种方式实现，且后一种方式可以减少中间环节，避免转移支付资金在拨付过程中的损耗。

在问题导向型的分析框架里，国内相关成果侧重于基础理论、现状描述和原因分析以及方向性的体制与政策改革，分析内容较为零散，剖析问题深度不够；既缺少完整的理论研究框架、经验检验和系统的解决方案，对均等化的基本认识也存在较多的误区。最突出的莫过于仅将基本公共服务非均等化缩小为财政资源配置的问题，忽略了中国并不具备实现这种替代的制度环境和治理结构。在这种分析思路下，均等化的实施变成了一个由中央政府主导的转移支付制度设计问题，而且只局限于对转移支付规模和结构的调整，重点关注如何利用转移支付为落后地区提供财力保障、实现财政均等化；对转移支付的绩效评价只关注其对现实财力的均等化效应，对地方财政行为在纵向收入集权和大规模转移支付背景下是否与均等化目标相符、基于机会公平层面的财政均等化能否有效转化为结果层面的公共服务均等化等后续问题涉及较少，缺乏经验考察。

1.2.2 转移支付对地方财政行为影响的研究

由于转移支付方式对接受补助地方政府的支出存在特定的影响，而且不同的转移支付形式存在不同的影响，从理论层面上看，政府间转移支付具有缩小地区间公共服务差距的功能。因此，本小节着重总结转移支付影响地方财政行为的相关研究成果。

国外在此领域的研究经历了早期理论、第一代理论和第二代理论的三个发展阶段。其中，"面纱假说"在早期理论中居于核心地位；第一代理论着重探讨"黏蝇纸效应"（flypaper effect），第二代理论则尤为关注转移支付所引发的效率和公平问题（Oates，2005）。

早期理论认为，地方政府在处置转移支付资金时与追求效用最大化的个体决策者无异，因此转移支付的配置取决于企业和消费者等个体偏好（Wilde，1968）。依据公共选择模型，布拉德福和奥茨（Bradford and Oates，1971）认为，在信息充足和存在政府间竞争的前提下，一次性总付的无条件转移支付（lump－sum unconditional grant）对地方支出决策仅具有收入效应；转移支付将通过返还收入或者减税的方式增加本地居民收入，不会对资源配置和收入分配造成实质性影响，因此被称为"面纱假说"。然而，该假说并未得到经验研究的支持。格拉姆利克（Gramlich，1969）发现，个人收入和转移支付给政府支出带来的影响存在着加大的差异。具体而言，转移支出增加时，政府支出增加的幅度明显更大。奥肯

（Okun）指出，这是因为地方政府在预算线外移后，并不会依据公共品和私人品的收入弹性分配财政资金，致使转移支付钉住在其原有的支出项目上（money sticks where it hits），产生所谓的"黏蝇纸效应"。当该效应发生时，转移支付的增加并不能带来减税，反而促使公共部门自我扩张（Inman，2008）。大量文献利用不同的数据对此进行了检验，结果都发现了"黏蝇纸效应"，甚至是"超级黏蝇纸效应"的存在（Case et al.，1993；Knight，2002）。为解释该现象而做的规范研究逐步发展成为第一代转移支付理论，主要从四个方面对该效应进行解释。

第一种观点倾向于用税收的额外损失（deadweight loss）来解释"黏蝇纸效应"。相比税收，转移支付不会降低对本地居民的工作努力，对地方政府支出扩张而言更为合意，所以会导致政府支出更大幅度的增长。但实证研究测算出税收的边际损失远远低于"黏蝇纸效应"，这一理论观点实难成立（Hines and Thaler，1995）。

财政幻觉（fiscal illusion）也是一种解释思路。该假说认为转移支付不仅产生收入效应，也会产生价格效应。由于信息不对称，选民无法掌握公共品提供的边际价格信息，只能用平均价格来代替。由于转移支付能够显著地降低公共品的平均价格，最终的公共品供给水平将超过按照边际收益等于边际成本原则确定的水平，进而导致政府支出更大的增幅（Oates，1979；Logan，1986）。

在中位投票人理论视角下，"黏蝇纸效应"的产生是因为在以投票进行公共品供给的决策机制中，中位投票人的偏好将起到决定性作用。在收入差距较大的情况下，中位投票人的收入和公共品需求往往高于平均水平，于是最后的供给结果会超出按平均收入预测的水平。如果依靠增加税收来提供公共品，税率的提高会降低最低收入人群的收入水平，致使中位投票人偏好水平得不到满足，这样增加公共品的资金来源就主要是转移支付（King，1984）。

官员行为也经常被用于解释"黏蝇纸效应"。相关的官员行为预设包括：一是假定官员具有最大化自身福利的倾向；二是官员无法确定未来可获得的转移支付规模。考虑减税引起政治成本和经济成本过高，在提供公共品过程中更多地转移支付更符合政府官员行为偏好（Fossett，1990；

Turnbull，1992）。

第二代理论的研究重心从"黏蝇纸效应"转换到转移支付对地方政府行为的公平和效率影响上，并分别基于地方财政竞争、预算软约束和道德风险等多个研究视角得出了差异化的观点。

按照第一个研究视角，分权体系中的财政竞争提高了政府对公民的受托责任，但也会使各地区为争夺相对流动的资源而进行逐底竞争（race to the bottom）。在这种情况下，联邦政府可以通过转移支付手段来消除竞争所造成的负面影响。例如，菲吉耶拉斯、亨德里克斯和迈尔斯（Figuieres，Hindriks and Myles，2004）就提出应该选择收入分享型的转移支付来消除地区间税基竞争的负面效应，收入分享能鼓励地方政府增加税收努力，因为它把征税和再分配的部分成本转移到其他的地区；同理，支出分享型的转移支付在纠正各辖区支出竞争消极影响方面的效果更好。上述结论实际上忽略了财政分权的本质特征，即联邦政府的政策制定或许是外生的，但其实施效果却取决于地方层面的执行，内生于地方财政决策。地方政府维护企业利益、藏富于企业的强烈动机，很可能削弱联邦政府运用转移支付来纠正竞争产生外部影响的能力。均等化转移支付往往意味着对地方财政努力的征税——当某地区的财政收入增加时，得到的转移支付反而减少，这将再次强化地方政府降低提供公共服务和税收努力程度的动机，削弱转移支付政策的预期效果（Baretti，Huber and Lichtblau，2002）。

预算软约束。一般认为，适度向地方分权能提高公共部门资源配置的效率，但是基层政府往往没有足够的税收来满足它们所有的支出需求。这就造成了纵向财政缺口，需要政府间转移支付来弥补。可是，除非设计得当，均等化转移支付容易引发预算软约束问题，同时使人们认为联邦政府将"担保"那些失败的地方政府，形成"鞭打快牛"的负面激励（Kornai，1979）。井堀和伊塔亚（Ihori and Itaya，2004）提出财权的适度下移可以减少政府间转移支付规模，支持地方政府提高收入能力。但这种安排将促使地方政府规模膨胀，使资源从私有部门转移到政府部门，产生挤出效应；而且财权下移意味着联邦税收的减少，抵消了地方的收入增加。

均等化转移支付可以看成防止地方经济受到随机负面冲击的保险手

段，因为地方财政支出的减少将提高其获得的均等化转移支付。正因如此，均等化转移支付会改变地方财政决策，削减各地区预防财政风险的积极性，引发道德风险问题。布科韦茨基（Bucovetsky, 1997）指出：财政均等化会提高本地区富人的边际税率，带来太多的再分配效应。因为各地区不会承担税基损失的所有成本，当州的收入减少时，联邦政府会给它补贴。可实际上这种补助原本应该用来解决辖区间竞争带来的消极影响。这种具有"保险"性质的转移支付和地方政府竞争可能会导致在衰退时期各地区相互欺骗，同时地区间的逐底竞争可能会更严重。

国内文献以实证分析居多，主要是基于第二代财政分权理论框架解释转移支付对地方政府行为的影响，包括转移支付与地方政府的税收努力、支出偏好以及竞争行为之间的关系等。

乔宝云等（2006）的研究认为，以税收返还和总量转移支付为主的过渡期转移支付体系对落后地区人均财力的提高有一定的积极作用，但对地方财政努力的刺激总体上并不成功。这不仅使地方财政提供公共品的能力下降，还导致富裕地区上交到中央并转移给贫困地区的财富相应减少，使政府间转移支付无法发挥缩小地区间人均财政收入差异的功能。刘小勇（2012）也认为，分税制以来，财政转移支付对地方财政努力具有负向激励效应。具体而言，总量性质转移支付（即税收返还）、均等性质转移支付（均衡性转移支付和定额补助）对地方征税努力存在抑制作用，配套性质转移支付则能增进地方征税努力，但激励效果远小于前者（胡祖铨等，2013）。李永友和沈玉平（2009）选择的视角有所不同，其研究认为，单独讨论转移支付对地方财政收入或者支出的影响，并不符合财政决策实践。在平衡预算约束下，收入决策和支出决策之间存在着相互影响关系，二者往往是同时发生的。通过构建地方财政决策对转移支付的反应函数，发现中央转移支付对地方财政支出的影响显著，对地方财政努力的影响却不显著。具体而言，支出决策对专项转移支付的反应更强，收入决策则对一般性转移支付的反应更强。

针对转移支付与地方财政支出偏好关系的研究也为数不少，结论大致分为两类，转移支付或者无法改变地方财政支出的生产建设性偏向，或使地方政府更偏好于行政性支出。如尹恒、朱虹（2011）的研究认为，作为基础教育、卫生和社会保障等基本公共品的主要提供者，中国县级决策者主要对上级负责，追求尽可能高的经济增长率而非居民福利最大化。县级财政中可自由支配转移支付的用途与不可自由支配的既有资金用途差异较大，前者的增量部分被更多地投入了生产建设领域，从而印证了县级财政的生产性支出偏向。

行政性支出偏好的文献方面，袁飞等（2008）通过观察 1994～2003 年间中国政府间财政关系的演变历程，从实证角度确立了转移支付增加与财政供养人口规模膨胀的因果关系。其研究认为，在当前的政府管理体制下，增加转移支付的确能够缓解欠发达地区的财政困境，却无法从根本上解决这些地区基层政府促进本地经济发展和提供公共服务的激励问题。上级政府无论增加哪一种转移支付都会面临两难处境：专项转移支付难以符合地方实际需要，一般性转移支付又容易使地方政府将资金用于"吃饭财政"和人头费开支。范子英、张军（2010）也认为中央对地方转移支付会对地方政府规模控制产生负面影响。转移支付不仅将导致政府支出更大幅度的增加——转移支付每增加 1%，政府支出水平将上升 0.6%～1.3%，而相同的 GDP 或居民收入增长的效应仅为 0.1%～0.2%；而且，转移支付对财政供养人口的效应相对更为显著——人均转移支付每增加 10000 元，会使得每万人负担的机关人数增加 62 人，而本地财政收入相同增幅所带来的效应仅为 0.037 人。然而，简单将财政供养人口或行政管理费支出对转移支付回归并不能说明上级转移支付被用于为地方政府供养冗员买单。考虑到这一点，胡德仁、刘亮（2010）的研究首先考察了地方财政供养人口规模的合理性。在控制了相关影响因素之后，发现转移支付确与地方财政供养人口规模控制的努力程度呈负相关。

付文林和沈坤荣（2012）的实证研究则认为，上述两种偏好在地方财政行为中同时存在，具体表现为哪一种，取决于各地区在财政再分配当中的相对地位。对于财政资金净流入地区而言，行政性支出偏向出现的原因主要是以"保工资、保运转、保民生"为首要目标的转移支付分配机制所致。事实上，越是经济欠发达地区，地方政府就越倾向将流入的财政资金投入基本建设和行政管理支出项目。范子英（2013）甚至认为，转移支付的这种投入偏向促进了腐败的滋生，因为基础设施一直是腐败的高发领域之一，转移支付在增加地方用于基础设施投资的同时，也会增加地方官员的腐败机会；相对于本地财政收入而言，转移支付由于相对"廉价"，还会降低地方政府对资金的监管力度，致使在相同基础设施投资的情况下，获得更多中央转移支付的地区实际发生的腐败也会更多。

上述研究暗含的共同结论是中国地方政府在提供公共服务方面的动力不足，努力程度较低，而现行体制中的确存在许多因素强化了这种激励。比如在预算管理体制还不够规范的前提下，财政支出会更多地体现地方主要官员的支出偏好。作为理性的经济人，官员会出于完成考核目标和追求晋升的需要，利用转移支付最大限度地增加有助于政绩考核的公共支出（曾明，2010）。在中国式分权的制度背景下，政绩考核对地方财政支出的激励效果在很大程度上取决于政策目标的可度量性。财政收入集权与转移支付仅能强化那些易于考核的政策目标的执行力度，但对于难以度量和监督的公共服务部门，财政支出可能进一步缩减（左翔等，2011）。

综上所述，第一代理论文献初步揭示了政治体制和地方治理因素对转移支付政策效果的重要影响，这一观点在第二代理论文献中得到进一步深化：不仅政府间转移支付计划的制度安排对其效应发挥产生重要影响（比如预算平衡要求等财政规定），地方财政体系结构的影响也十分关键（税收竞争的本质、税收分权、地方政府执行的各种功能等）。类似的研究趋势在国内的文献成果中也得到了体现，这说明地方政府行为应该是转移支付—财力均衡—基本公共服务均等化这一逻辑链条上重要的一环，却未曾在均等化研究框架中得到相应的重视和体现。

1.3 研究思路与研究方法

1.3.1 研究思路

如研究背景和文献总结中所述，中国地区间基本公共服务差距得以形成和固化的体制性原因有多种，如户籍制度和单位所有制等对"人"身份的区分传统以及人口流动性的缺乏，为公共服务的非均衡供给提供了制度便利。政府投资驱动式的经济发展模式引发了公共服务提供不足—居民消费不足—政府投资固化—公共服务提供不足的恶性循环，而中国式分权模式对地方政府增长行为取向的塑造进一步致使政府支出偏好继续被锁定在"重投资、轻服务"的结构上。分税制改革不彻底，基层政府财力与支出责任不匹配的程度急剧上升，过渡期转移支付在实现横向财政均衡以及有效激励地方政府提供公共服务方面仍存在制度缺陷。政绩考核对公共服务提供的绩效考评重视不足或效果不佳等。

上述分析说明：首先，可以从财政体制视角理解基本公共服务的地区间差距，但不能忽视其政治和社会议题属性。解决路径应该是多方位的，仅依靠财政体制改革而不涉及政治和社会管理体制，无法实现预定的政策目标。其次，财政均等化的集权特征说明中央层面制度设计的作用更为重要，但就中国的基本国情和制度环境而言，它只是实现基本公共服务均等化的必要条件。地方政府仍是公共服务提供的责任主体，如果不考虑制度政策在地方层面的实施效果和内在激励，不但无法实现预期目标，还可能产生新的扭曲，造成公平和效率损失。最后，作为实施均等化的主要政策工具，转移支付制度本身的设计理念和价值取向是否与均等化目标相符，也需要重点关注。

据此，本书首先建立理论分析框架，阐明转移支付促进基本公共服务均等化的实现机制，进而分析转型与发展中国家的制度环境因素对转移支付促进基本公共服务均等化效果的约束；其次，梳理中国实施基本公共服务均等化的体制背景与制度安排，由此揭示基本公共服务差距产生的体制根源，以及中国实施均等化的路径特征；再其次，从财政能力和供给结果的双重维度对转移支付促进均等化的现状效果进行评价，并分别从转移支付制度设计和实施激励两个层面，分析中国在推行基本公共服务均等化过程中存在的局限与障碍；最后，提出相应的政策建议。

1.3.2 研究方法

本书采用理论与实证分析相结合的研究方法，尤其侧重于实证；其中理论分析方面以文献分析和理论推导为主，实证分析方面以统计与计量分析为主。

（1）文献分析与理论推导。首先，通过对已有文献的梳理归纳，确定了本项研究的视角与基本思路；其次，基于政府间转移支付与基本公共服务均等化的基础理论构建分析框架，按照"转移支付—财力均衡—地方财政行为—基本公共服务均等化"的内在逻辑，探讨财政分权背景下以转移支付促进基本公共服务均等化的合理性、合意性与约束条件。最后，在实证分析基础上对相关问题进行规范分析，针对中国的均等化实现程度及转移支付对地方政府产生的异质性激励等"事实"，得出关于应该如何构建与实现均等化目标和完善政府治理能力相匹配的财政、行政和社会管理体制架构的价值判断。

（2）多元统计与计量分析。本书运用数理统计方法（泰尔指数）测度了地区间财政能力和基本公共服务均等化水平，以此评价中国转移支付制度的均等化效果；进而采用因子分析、聚类分析和判定分析等多元统计方法检验转移支付分配机制设计与均等化目标的匹配程度；建立面板数据计量模型（具体为固定效应模型与广义矩估计），对财政均等化与基本公共服务均等化、转移支付与地方财政行为的影响进行实证分析，以检验理论分析的合理性。

（3）比较分析方法。在本书中横向比较主要是对中央与地方政府间的财政状况、不同地区的财政行为模式与基本公共服务供给状况进行比较；纵向比较主要是对不同时期的财政体制特征、转移支付功能目标与激励效应的比较。

1.4 结构安排与创新之处

1.4.1 结构安排

本书共分为 7 章，按照提出问题（第 1 章）、分析问题（第 2 ~ 6 章）、解决问题（第 7 章）的逻辑顺序展开分析（见图 1 - 2）。其中，第 2 章建立理论分析框架；第 3 章刻画制度背景；第 4 章现状评价；第 5 章、第 6 章分析原因并进行实证检验；第 7 章给出主要结论并提出相应的政策蕴含。

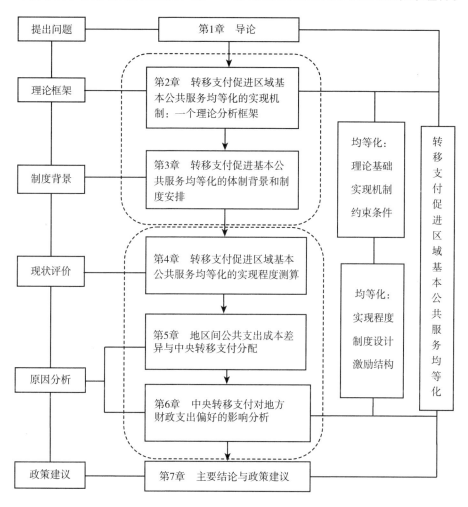

图1－2　研究思路与结构安排

第 1 章，导论。本章阐明了研究背景，提出研究的主要问题与关注重点。在综述国内外相关文献成果的基础上，确定本书的研究视角与分析思路。

第 2 章，转移支付促进区域基本公共服务均等化的实现机制：一个理论分析框架。本章首先在厘清转移支付与基本公共服务均等化关联性的基础上，阐明转移支付促进基本公共服务均等化的实现机制，并集中分析了该机制面临的约束条件——地方财政的影响，从而建立全书的理论分析框架。

第3章，转移支付促进基本公共服务均等化的体制背景和制度安排。本章首先探讨了分税制改革对中央及地方之间财政关系以及地方财政运行的影响，然后从项目形式、实施情况与目标演变等方面论述了中国转移支付制度安排，并初步考察了财政体制对地方政府的整体激励效果。同时结合地方治理因素，直观展现中国实施均等化所依托的政策工具与体制背景，并揭示其中的制度缺陷与体制障碍。

第4章，转移支付促进区域基本公共服务均等化的实现程度测算。本部分首先介绍转移支付制度均等化效应的评价标准和方法；其次，采用泰尔指数测度中国地区间横向财政均衡的实现程度。然后采用综合评价法，在六类基本公共服务中选取了21项指标构建指标体系，并以熵值法对各项指标进行客观赋权，评价各省基本公共服务的提供水平和省际均等化程度。最后，考察财力均等对公共服务均等化有无促进作用。

第5章，地区间公共支出成本差异与中央转移支付分配。本章首先讨论均等化转移支付分配的一般原理，给出调整地区间支出成本差异的理论依据，然后建立相应的指标体系以测度中国地区间公共支出成本差异水平。在此基础上通过聚类分析阐明各地区在提供公共服务过程中的成本优势及劣势。同时，采用判别分析方法对现行均等化转移支付的主要分配标准——财政供养人口做出进一步验证，考察当前转移支付分配机制设计与均等化目标的吻合程度，从而揭示当前转移支付体系的政策取向。

第6章，中央转移支付对地方财政支出偏好的影响分析。本章重点考察均等化转移支付对地方财政支出模式的影响，着重从制度实施层面实证考察均等化转移支付对地方政府产生的财政激励及其对区域基本公共服务均等化造成的影响，进而揭示中国推进均等化战略过程中面临的又一障碍。

第7章，主要结论与政策建议。本章首先给出本研究的主要结论，然后立足中国国情现实，提出实现基本公共服务均等化的具体思路，包括完善转移支付制度体系、实施更规范的财政分权、促进地方财政支出结构转型、实现与均等化相关的多元政策协调等改革举措。

1.4.2　创新之处

本书可能的创新之处在于：（1）基于制度设计和实施激励的研究视角，分别从财政能力均等、基本公共服务结果均等以及前者对后者的促进三个层面，实证考察中国以转移支付促进基本公共服务均等化的实现程度；（2）强调地区间公共服务提供成本差异对中国均等化实践的重要影响。提出均等化理论视角下对地方公共服务提供成本差异的评价应集中于客观环境差异，并根据此思路实证考察中国均等化转移支付分配机制的导向；（3）阐明在现有分权制度背景下，以收入集权和大规模转移支付为主要特征的财政均等化将如何影响地方政府行为取向的具体机制并进行实证检验。

第2章

转移支付促进区域基本公共服务均等化的实现机制：一个理论分析框架

通过转移支付均衡地区间财政能力是中央政府推行基本公共服务均等化的主要手段。但在分权治理的制度环境中，地方政府才是提供基本公共服务的主体，因此由财政均等化向基本公共服务均等化的转化高度依赖于转移支付的制度设计与实施激励。作为全书的逻辑起点，本章的主要工作是建立一个理论分析框架：首先界定基本公共服务均等化这一概念的内涵；其次厘清转移支付与基本公共服务均等化二者之间的逻辑关联，进而对转移支付如何实现基本公共服务均等化的机制分析，并集中探讨了地方财政对该机制作用发挥的影响。

2.1 基本公共服务均等化内涵界定

在急于寻求均等化模式和经验的人们看来，阐明其理论依据和边界范围也许属于老生常谈，其实不然。即使是在均等化模式相对成熟的发达国家，公共服务的有效运转和良好质量也是建立在清晰的经济和政治哲学基础上，而非偶然获得、轻易实现。发展中国家的均等化实践无论在理论体系、政策法规还是执行标准的构建上都未达到应有的理性程度，在发达国家视为当然的理念，在发展中国家则还需要进一步明确，其目的是为均等化从政治、经济和社会等各个方面确定伦理立足点和价值坐标系,使全社会都能够从哲学层面理解公共服务均等化这项既普通又复杂的工程,形成更理性的认识并进而变为自觉的行动。

公共服务是基本公共服务均等化概念中最基础的部分。基于政府职能或者行为角度,对其内涵大致有三种理解。(1)公共服务等于政府职能,是政府利用财政资金提供的所有服务。(2)公共服务是政府职能之一,提供合理适当的公共服务是政府的主要职能,与经济调节、市场监管、社会管理等政府职能并列且存在显著区别(温家宝,2004)。(3)公共服务是政府建立在公共权力或公共资源基础上实施的公共行为(刘尚希,2007)。从政府职能的维度理解公共服务,固然与政府在公共服务供给中的主体地位相符,但直接将公共服务等同于政府职能,强调政府意志对公共服务范围划分的决定性影响,显失偏颇;另外两类观点对公共服务的界定也不够清晰。

以公共品理论界定公共服务在文献中更为普遍,也存在三种划分口径:(1)公共服务是以劳务而非产品形式表现的公共品(安体富、任强,2010);(2)公共服务等于公共品,二者是同一概念的不同表述(高培勇,2004);(3)公共服务概念大于公共品概念,公共服务不仅包括纯公共品和准公共品,也包括优值品(陈昌盛,2008)。不管选取何种口径,消费上的非排他性和非竞争性仍然是定义公共服务的根本依据。由于难以通过市场机制得到有效提供,政府应该承担公共服务的供给责任。但现实中几乎没有物品能同时满足这两项特征,而政府提供和安排的物品也远远超出了公共品的范畴。可见,公共品理论可以作为理解公共服务的一个基本视角,但无法充分概括其内涵。

基于公共利益和公共需求的角度,将公共服务界定为"通过提供物化形态和非物化形态的服务满足公共需求的过程"(刘德吉,2010)。在此视角下,公共服务概念的公共特性、包容性和适应性得到了较好的满足。一是强调了公共服务源于公共利益和公共需求,具有整体集合性、客观性和公益性;二是能够较好地适应和包容处于不同发展阶段、秉持不同价值观念的国家存在差异化的公共服务内涵和范围的问题;三是基于公共利益和公共需求视角界定的公共服务范围更宽,弥补了公共品理论在界定时的局限。诚然，按照公共利益和公共需求来界定公共服务，涉及对公众广泛参与和决策公开透明方面的更高要求，在政策操作层面的可行性方面无疑存在相当难度，但其积极意义应该得到承认。

综上所述，本书倾向于从第三种视角来界定公共服务的内涵，同时认为三种视角并不存在本质分歧。对公共需求和公共利益的满足无疑是公共服务概念的价值源泉，以政府职能和公共品理论来界定的局限性，本质上源于不同发展阶段、制度环境以及技术水平前提下，社会对满足公共需求与公共利益的能力、程度和方式不同。在上述条件约束下，公共需求和公共利益仅能以特定的方式得到有限的满足，或受限于政府意志对社会需求的偏离，或维持在较小的范围内与较低的水平上。而随着约束条件的改善，公共服务提供的方式、范围和能力不断提升拓宽，公共服务必将更好地吻合与实现公共需求和公共利益。

对基本公共服务概念的理解也可遵循上述思路，基本公共服务是中国对公共服务按照重要性、基础性的原则进行范围限定所提出的概念，意味着那些与居民最低层次的和普遍的消费需求有直接关联、与公民基本的生存与发展权利相对应的公共服务，其本质是一定发展阶段内公共服务应该覆盖的最小范围和边界。① 显然，该范围需尽可能地符合公共需求与公共利益取向，并且与经济社会发展水平和阶段相适应。

中国当前界定的基本公共服务范围是：第一，强调了政府财政对公共服务的基础保障职能；第二，主要集中在具有公民权利性质、居民敏感度较高的社会性公共服务和与居民生活较为密切的经济性公共服务领域；从地域范围和供给主体来看，这一范围更侧重于地方性公共服务，如2012年《国家基本公共服务体系"十二五"规划》所列举的基本公共服务清单。

---

① 事实上，不仅中国，世界各国都在公共服务的基础上遴选出基本公共服务或核心公共服务清单，但目前并无统一认知。在联合国的文件中，基本公共服务包括清洁水、卫生设施、教育、医疗卫生和住房。联合国儿童基金会和联合国开发计划署在南非把基本教育（学前和小学教育）和初级医疗定义为基本公共服务，同时也将饮用水、卫生设施、营养、社会福利和公共工作项目部分地作为基本社会服务。还有许多国家在不考虑是否需要的情况下都向儿童提供全面的医疗保险与多子女家庭津贴。美国的 K–12 教育就是一种向所有人提供相同服务而无须付费，也不考虑支付能力的实物再分配形式。加拿大在1984年颁布的《加拿大卫生法案》中确定了全民医疗，涵盖常规医疗服务、急救、公共卫生、怀孕、艾滋病和其他性传染病、精神疾病及死亡等。

　　那么，对理解基本公共服务的均等来说，最接近的表述是参与主体在基本公共服务领域享有的平等，尤其是权利和义务方面，即各主体享有基本公共服务的权利及为此承担的义务是平等的。这种平等往往又与正义、公平的概念联系在一起。因为，要使平等成为现实，正义应该是首要的社会条件；而平等是构成正义规定性的重要因素，是实现正义的基石所在。公平则确保参与人（个人或团体）在各项属性（包括投入、获得）上的平等和平均。可见，公众对于平等的认识无法与其正义公平理念相分离。均等意味着平均、相同的状态，尽管不能完全替代平等的概念，但超出一定程度的非均等显然是不平等的，这个界限取决于人们所持有的公平正义理念，取决于社会价值对差距范围与性质的容忍程度。而均等化表示从非均等向均等转化的过程。单纯从字面意义分析，如果均等代表了一种理想的目标，均等化则是为实现这一目标而必须做出的转变；如果说均等代表了一种追求的结果，均等化则是为了实现这一结果而必须采取的手段。即均等是从结果层面对社会正义公平做出静态的反映，均等化则是从过程层面对正义公平动态的追求，从这个意义上说，均等化与正义公平的联系比均等本身更为紧密。综上所述，基本公共服务均等化的直观表现就是参与主体在基本公共服务领域享有权利与义务的差距逐步缩小的过程和状态，以及为了实现基本公共服务均等而采取的政策手段。

　　基本公共服务均等化首先需要考虑主体层次，即在谁与谁之间实现基本公共服务的均等。公共服务的公共属性必然要求在不同群体（如区域、城乡、阶层）之间以及个体（如家庭、个人）之间实现均等。其次是均等的内容，包括机会均等、过程均等和结果均等。机会均等意味着全体公民都有享有基本公共服务的机会；过程均等是指在提供基本公共服务的过程中，全体公民都有决定自身分享与否、分享多少的选择权利；结果均等则说明全体公民享有基本公共服务的效果应该相对均等。最后是均等的标准，均等的最低标准就是底线均等，是指公民享受最低层次的基本公共服务的权利，政府应该至少做到为公民提供最低标准的公共服务。中等标准则意味着政府提供的基本公共服务应达到平均水平，而如何制定平均标准取决于各国的具体国情。最高标准的均等是结果均等，即全国各地基本公共服务供给结果均等，水平一致。相应的，公共服务均等化意味着均等化的范围从"基本"公共服务延伸至其他公共服务领域，标准也经历了由低到高提升的动态过程。从实现模式来看，主要有人均财力的均等化、公共服务的标准化和基本公共服务的最低公平三种模式（马国贤，2007）。

人均财力均等化是指中央政府按照人均公共支出标准向地方转移支付，以财力均等化来保障公共服务的多级政府间均衡供给的制度。这种模式赋予地方财政较高的自主程度，但内含两个假定：一是公共服务责任在各级政府间能够明确划分；二是地方议会有强大的预算约束力。

公共服务标准化是指中央和上级政府对公共服务的供给和受益颁布特定的标准，并建立专项转移支付。通过选取具体的公共服务项目，以"提供均等的服务"或者以"让公众获得均等的服务利益"为目的，在全国或地区范围内实行标准化的服务内容、设备或设施配置；在经费的供给上，则一般采用中央与地方共同承担经费方式。这种模式既在政策落实和公共服务质量保障上享有优势，有效降低地方政府以提供"高标准、豪华化"的公共服务为由占用大量财政资源；而且可以按照财力调节均等化的范围。但建立"一刀切"的公共服务标准容易造成与地方居民的需求相脱节，特别是那些地域广袤、经济发展水平悬殊的国家；在技术和财政上的操作难度也相当大。

基本公共服务最低公平也称为基本公共服务的最低供应，即指无论其居住在何处，一国居民都会得到基本公共服务的最低水准保证（布朗、杰克逊，2000）。这种模式要求国家在确定基本公共服务项目清单和最低提供标准的前提下，通过多级政府分担经费来保障各地政府有能力提供这类服务，并通过绩效评价促使地方政府达到提供服务的水平和质量。同时，鼓励有能力的地方政府提升辖区内公共服务的水平和质量。在地区间经济发展和财力严重不均衡、公共服务差距巨大的情况下，只有基本公共服务最低公平原则，才能既实现基本公共服务均等化，又避免财政改革落入"平均主义"陷阱。从这个意义上说，它和中国的基本公共服务均等化在理念和实践上最为贴近，代表公共服务均等化的初期阶段和较低水平。但是与前两种模式类似，实现基本公共服务最低公平同样面临财政体制、财政资源和技术水平的影响和约束。

2.2　转移支付促进区域基本公共服务均等化的机制分析

2.2.1　转移支付的基本类型及其政策效应

转移支付有一般性转移支付和专项转移支付两种基本类型。一般性转移支付（general transfer）不规定资金的使用范围和要求，这无异于增加了地方的可支配收入。在一般性转移支付中，以解决横向财政不平衡为目标的转移支付被称为均等化转移支付（equalizing transfer）；地区间均等化目标的实现以一般性拨款特别是均等化转移支付为主。

专项转移支付（special transfer）即指中央政府指定拨款的用途，即专款专用，具体有非配套转移支付（non - matching transfer）和配套转移支付（matching transfer）两种形式。如果中央政府向地方政府提供一笔固定数额的补贴（a lump - sum grants），但规定它必须用于指定的项目，即为有条件非配套拨款。如果中央政府要求地方政府提供规定份额的配套资金（配套额可以确定为占受补地方政府支出额的某个百分比，比如说50%的配套补助意味着受补地方政府每支出1元，可获得0.5元中央补助），则是有条件配套转移支付（percentage transfer）。如果是不封顶的（matching open - ended transfer），意味着中央政府未明确规定一项补助的最高限额，地方政府可一直按自有资金投入的某个百分比从中央政府获得配套资金补助，中央在这一项目的补助随地方政府花费的增加而相应增加。如果是封顶的（matching closed - ended transfer），则中央政府会明确规定一项补助的最高数额，仅在这个限额以下按规定的比例补助地方项目。在配套补助的情况下，中央政府的拨款额是变化的，它取决于拨款接受者的行动，特别是在不封顶的情况下更是如此。

不同形式的转移支付具有不同的内在功能，通过使接受拨款的地方政府产生收入效应和替代效应，从而产生公共服务均等化效应。一方面，转移支付增加了地方政府的可支配财力，改变了地方财政的预算约束，使其可以提供更多的基本公共服务，此为收入效应；另一方面，转移支付特别是规定了特定用途的专项转移支付，降低了地方政府在指定用途或公共服务项目上的投入成本或面临的相对价格，激励其改变财政支出结构，把更多的财政资源投入指定的项目上，从而对其他非指定补助类别的服务造成一定程度的替代或挤出，发生替代效应。具体地，一般性转移支付对接受补助的地方政府主要产生收入效应，增强了地方政府提供公共服务的可支配财力，但由于与财政收入能力相联系而不是与实际公共服务相联系，一般性转移支付未必能够保证地区间公共服务水平的公平提供，其自身也包含着公共服务提供的优先顺序取决于地方政府的假设，所以更适用于公共服务的优先顺序无差别的情况。专项转移支付对接受补助的地方政府主要产生替代效应，某些情况下也会产生收入效应。如果不要求配套，在得到专项转移支付时，地方政府可能会降低自有财力对指定项目的投入，转而用于其他支出项目，即产生一定的外溢效应，但是比一般性转移支付要小得多。然而要求资金配套时，地方政府为了争取更多的专项转移支付资金，客观上会挤占其他非指定用途的公共服务项目资金。当公共服务存在优先顺序时，专项转移支付给了中央政府能力以"影响和控制地方政府提供服务的标准"；"可以用于实现中央政府均等化（最低）服务的提供"。从这个方面讲，均等化的服务提供经常被视为专项转移支付的一个理由（Searle and Martinez – Vazquez，2007）。

对比可知，一般性转移支付注重地方提供公共服务的财政能力，尊重其政策选择和支出偏好，但难免缺乏针对性；专项转移支付更强调资金的使用符合拨款主体的政策意图——缩小特定公共服务的差异，或者将特定公共服务的水平提高到一个既定的标准。但这一既定水平是由中央政府确定的，未必符合地方政府的支出偏好或优先顺序。在推行基本公共服务均等化的过程中，应该注意到两种转移支付各自的侧重和局限，结合使用（李万慧，2011）。

2.2.2　转移支付与区域基本公共服务均等化的关联性

政府间转移支付可以用于实现拨款者不同的政治目标、制度目标或政策目标，这个目标集通常集中但不限于以下方面：（1）纠正或调整政府间纵向财力失衡;(2)纠正或调整政府间横向财力失衡;(3)纠正或调整与公共品提供相关的外部性;(4)使地方政府的支出与中央政府的目标协调一致;(5)激励地方财政努力;(6)为中央政府实现宏观经济稳定的政策提供足够的弹性;(7)为维护国家统一和社会稳定付出必要的政治成本;(8)为抗击不可预见的灾难等紧急情况下的非常规支出(莎莉·瓦勒斯,2000)。[①]

基于对上述目标的考察,会发现转移支付制度的影响存在横向和纵向两个维度之分,而横向维度更为重要。原因有两层:一是规范的转移支付制度目标就是公共服务均等化;[②] 二是其他目标的实现必须兼顾地区间横向平衡(张启春,2005)。

首先,以实现纵向平衡为目的转移支付将不可避免地产生横向效应,纵向平衡是基础,横向平衡目标本身涵盖纵向平衡的要求。从理论上说,一国范围内所有平级的地方政府,在任何确定的年份,如果付出了全国平均的税收努力水平,所获得的财政收入仍然无法满足本地公共服务支出需求时,其财政缺口由中央政府的转移支付拨款解决。这在客观上会导致平级地方政府之间的横向比较。实施财政能力均等化时,无论是什么原因,纵向财政缺口需要得到弥补,否则地方政府无法履行其支出责任。而弥补横向财政缺口的目的在于促进基本公共服务的均等化。

其次,调节辖区间外溢在一定程度上也将促进横向平衡。例如,中央为激励地方政府增加对某外溢性项目的投入而进行转移支付时,最终结果必然惠及其他地区,产生不同程度的横向效应。同理,为激励地方政府税

---

① 罗伊·鲍尔(Roy Bahl)认为,转移支付的实施还有可能因为其他不合理的因素,比如为了限制地方政府的自主性;力图保持或强化全国范围内的一致性,即消除各地方政府在收支结构上的差异;认为地方政府的官员更接近当地居民,更易受当地居民的影响,因而地方政府比中央政府更容易腐败,势必造成收支的更大浪费;转移支付制度很可能成为将财政赤字向地方转移的办法之一,当中央预算面临压力时,中央政府可减少对地方政府的转移支付数额以减轻中央预算的压力。

② 按照罗伊·巴尔(Roy Bahl)的概括,在各国的政府转移支付制度中,收入水平的均等、财政能力的均等、支出需求的均等,以及个人可得到收入的均等,都被纳入了均等化目标的范围。但从效率角度和发展中国家的现实考虑,将财政能力和支出需求、支出成本相比较所体现出的地方政府的行政能力,即公共服务水平作为衡量均等化的指标更为合理。因此,转移支付的终极目标是实现社会公平,而直接目标是财政能力均等化。在此基础上还应考虑的是一国政府在一定历史时期的阶段性目标。

收努力或实现宏观调控目标而进行的转移支付，在设计和实施过程中也要考虑其横向的影响。

需要强调的是，对基本公共服务均等化的目标而言，政府间财力横向平衡仅仅是手段。转移支付可能实现的公共服务均等化实际上仅限于公共服务的供给方面，因为全面实现公共服务均等化，需要政府在防范社会公共风险领域发挥职能作用，超出了转移支付制度目标范畴。尽管如此，横向平衡依然是实现基本公共服务均等化的前提条件。以基本公共服务均等化为目标的转移支付制度不仅需要对各地方政府的财政收入能力进行测算，还需要对其面临的各类公共服务支出需求测算，支出需求大于收入能力的部分则构成中央对地方的均等化转移支付的基础。

此外，即使不考虑公共服务均等化，仅就平衡财力而言，转移支付也是相对现实的选择。首先，为弥补纵向财力失衡而寻求中央与地方政府间财权与事权的完全匹配，既不可能也非必要；其次，横向财力失衡本质上是各地经济发展水平不平衡造成的，并在既定的财政管理体制下得以显化。缩小差距的根本举措是地区间经济的协调发展，然而这个目标短期内显然无法达到。事实上，上述两个问题都可以通过转移支付来进行调节。

因此，评价转移支付促进基本公共服务均等化实际上集中在供给方面，而且包含两个层次：第一层次是政府提供公共服务的财政能力均等化；第二层次是政府间提供公共服务结果的均等化（吴胜泽，2012）。在市场机制和非市场机制分工规范、清晰，财政预算管理制度和政府绩效考核制度完善的制度环境下，实现第一层次的均等化和实现第二层次的均等化目标一致，但是在大多数国家情况并非如此，应该分别对地方政府间财政能力和基本公共服务供给的均等化水平进行评价，并考察政府间从实现第一个层次目标到实现第二个层次目标的努力程度。从价值判断的视角来看，尽管两个层次目标的实现程度都先从公平角度并进一步从财力资源配置效率角度反映转移支付制度的绩效；但由于政府间提供公共服务存在成本和偏好的差异，实现第二个层次的均等化显然比第一个层次的均等化更具有实质意义和社会价值。因此，考察由地方财政能力均等化所代表的机会公平，是否向公共服务水平均等化所代表的结果公平转化，应该成为评价转移支付制度目标实现程度的重要标准。

2.2.3　转移支付促进区域基本公共服务均等化的机制分析

如前所述，转移支付促进区域基本公共服务均等化，始于横向财政均衡的实现，这就需要中央对财政收入能力较弱、支出需求较高的地区进行转移支付。此处借助均等化转移支付分配公式的一个简单推导和解释，说明转移支付促进财力均衡的作用机制。

假设各地区政府只提供一种公共物品，只从一个税种上取得税收收入，则某一地区的均等化转移支付资金需求量等于该地区标准财政支出与标准收入之差，其分配公式可以表述为:

$$G_i = E_i - R_i \qquad\qquad (2-1)$$

式中，下标 i 代表各地区; E_i 代表该地区的人均标准财政支出; R_i 代表人均标准财政收入, G_i 为标准财政收支缺口，乘以总人口后即为各地区应得均等化转移支付资金总额。可见，根据均等化转移支付资金的分配原则，某地区的均等化转移支付资金需求量应与其标准财政支出成正比，与标准财政收入成反比;该地区只有当 G_i 大于零时才能获得均等化转移支付。

考虑到地区差异因素的影响，地区 i 的标准财政收入 R_i 和标准财政支出 E_i 可以写成全国平均水平和各地区差异系数的乘积形式，即:

$$E_i = E \cdot \gamma_i; R_i = R \cdot \theta_i \qquad\qquad (2-2)$$

式中，E 代表全国统一的标准财政支出, γ_i 表示辖区 i 在提供全国标准公共服务水平时的成本差异系数;类似的, R 表示全国标准财政收入的人均值, θ_i 为辖区 i 人均标准财政收入与全国平均水平的比率，也就是通常意义上的财力差异系数。所以，一般化的均等化转移支付分配公式可以改写为:

$$G_i = E \cdot \gamma_i - R \cdot \theta_i \qquad\qquad (2-3)$$

通过进一步整理变形可以得到下述表达形式:

$$G_i = (E - R) + E \cdot (\gamma_i - 1) + R \cdot (1 - \theta_i) \qquad\qquad (2-4)$$

该式等号右面由三项构成，分别代表不同的转移支付资金需求。第一项表示的转移支付需求主要是由纵向失衡引起的，第二项和第三项则是由横向的成本差异和财力差异导致。如果 $\gamma_i > 1$，即辖区 i 在提供全国标准化的公共服务时所需成本超过全国平均水平，该辖区由公共支出成本差异产生的转移支付资金需求将为正；而且 γ_i 比 1 越大，资金需求量也越大，反之则越小。对 θ_i 的解释可以遵循类似的逻辑。无论是由支出成本差异，还是财力差异引起的均等化转移支付资金需求，在有的地区为正值，有的地区为负值或零，但所有辖区的资金需求总和为零，即 $\sum_i E \cdot (\gamma_i - 1) = 0$ 和 $\sum_i R(1 - \theta_i) = 0$。

值得注意的是，由于第一项和第三项对所有辖区加总为零，第一项的取值将意味着重大的制度安排差别。当 $E - R > 0$ 时，说明各地区的财政支出总和超过财政收入总和，所需转移支付资金要从辖区之外筹集，这种情形下中央政府或上级政府通常是资金的主要提供者（或唯一提供者），这种制度安排为中央政府（或上级政府）主导的均等化转移支付制度。如果 $E - R = 0$，表明辖区整体的财政收支实现平衡，无须外来资金填补，或者说无须中央政府或上级政府的资金介入，均等化转移支付所需资金在各个辖区之间调剂解决，如德国的横向转移支付制度。

出于简化考虑，上述分析假定各辖区政府只提供一种公共物品，只从一个税种上取得税收收入。但现实中的均等化转移支付分配不但需要分别测算各项公共服务的标准财政支出，而且在测算标准财政收入时也是分税种进行的，所以均等化转移支付的一般公式可以细化为：

$$G_i = \left(\sum_k E_k - \sum_j R_j \right) + \sum_k E_k(\gamma_{ki} - 1) + \sum_j R_j(1 - \theta_{ji}) \quad (2-5)$$

式中，k 代表公共服务种类，j 代表税种。

综上所述，根据均等化转移支付的分配原则，在标准财政支出给定的条件下，财力越弱的地区，得到的转移支付资金应该越多；在标准财政收入给定的情况下，支出需求越高的地区，得到的转移支付资金应该越多。遵循均等化分配原则的转移支付制度可以在实现纵向平衡的同时也促进地区间横向的平衡。然而，横向平衡不是问题的全部。财力均衡和基本公共服务均等化毕竟属于不同的两个范畴：财力均衡的对象是政府，基本公共服务均等化的受众却要落实到个体居民。即使只讨论公共服务的供给方面，二者之间存在着相当严格的等价条件。

首先是地区间公共服务提供成本差异。公共服务均等化实现的途径之一是通过收入能力均等化,较少考虑地区间公共服务供给成本差异,但这只能适用于自然条件相近、公共服务供给成本大致相同的情形。因为只有在这种情况下,基本公共服务供给能力的均等化和财力均等化两个概念才趋向一致,如果地区间公共服务供给成本的差距较大,同样的财力就无法转化为相同的基本公共服务水平。因此,转移支付的制度设计应该充分考虑地方财政收入能力和支出成本。

其次是地方政府公共服务提供意愿。不同地方政府在财力相同的情况下,愿意提供的公共服务不尽相同,公共服务的规模不同,结构也不一样。地方政府提供公共服务的主观意愿强弱,取决于地方政府与官员面临的激励机制。如果地方政府只是对上负责,社会公众尤其是弱势群体并不能直接影响其回应性,而上级考核又侧重于短期经济绩效,那么提供公共服务就可能被忽视;再者,如果缺乏科学的方法评价地方财政支出绩效,即使公共服务内容加入政府考核体系,依然无法确保激励效果,真正促进地方政府将财力用于提高公共服务供给。

2.3　转移支付促进基本公共服务均等化的约束条件

转移支付促进基本公共服务均等化的路径并未也无法改变财政分权的制度架构,而是以通过转移支付促进地区间财政能力均等化为前提,引导地方政府,尤其是欠发达地区的地方政府加强和优化基本公共服务提供,从而实现缩小区域间公共服务差距的意图。推行均等化的责任主体是中央政府,但提供基本公共服务的责任主要是在地方,基本公共服务均等化只有依托地方政府才能够得以实现(冯海波,2012)。所以,各地区发展水平和政策实施效果的异质性应该在推行均等化的过程中得到充分重视,有必要对财政分权背景下对转移支付促进基本公共服务均等化面临的约束进行分析。

2.3.1　转移支付改善地方财政能力的效果受限

政府的财政经济能力是决定基本公共服务均等化水平的首要客观因

素。财政分权体制下地方政府是提供基本公共服务的主体，当财政能力差异过大时，地区间基本公共服务必然产生差距。当国家财政能力弱小时，转移支付规模有限、制度设计不规范，难以从根本上扭转横向财政失衡的局面；而当政府财政经济能力发展到一定程度、大规模转移支付得以建立并发挥效果时，依然存在若干会影响均等化战略贯彻实施的因素。

首先，转移支付规模增长的前提是纵向财政集权力度的加强，在一定程度上限制地方财政自主性。纵向财政集权是建立大规模转移支付的客观要求，为巩固中央宏观调控能力，单一制国家往往存在财权集中、事权划分不明和支出责任高度下放的情况，由于没有独立财权，地方政府仅依靠自有财力显然无法满足辖区内日益增长的支出需求。转移支付无疑加强了基层政府对上级财政的依赖度，有利于中央政策意图的实现，一方面，地方财政自主性势必降低，"对上负责"的倾向增强；另一方面，在公共财政体制不完善的情况下，转移支付对地方财政的约束力仅局限于预算内或体制内，财权的上移往往激励着地方政府高度依赖非税收入、体制外收入甚至是债务，引致宏观税负过高和地方财政风险，导致均等化战略不可持续。

其次，转移支付在地区和层级之间的分配未必能有效弥补地方财政面临的能力—需求缺口。对转型中的大国而言，转移支付所承载的功能和意义往往超出了均等化的目标范畴，其分配机制的设定缺乏必要的信息基础和制度保障。从长期观察，其内部结构和分配机制趋于合理化、规范化和制度化；短期内依然是中央政府各部门之间、中央政府与地方政府之间以及地区之间力量对比和利益博弈的结果，无法保证满足资金分配向能力—需求缺口大的地区倾斜。

最后，转移支付无法从根本上解决财政能力碎片化问题。现实中政府整合财政资源的能力是有限的，在大国更是如此。受既得利益格局制约或现有法律法规制约，政府收入来源和支出用途是分割的，财力在纵向上的政府层级间和横向上的各部门间也是分割的，公共资源配置无法实现全局最优。如果无法实现资金统筹和全口径预算，转移支付即使在分配上符合均等化原则要求，在执行上也无法落实，其均等化效率将受到限制。

2.3.2 转移支付转变地方财政支出偏好的效果受限

地方财政支出偏好是影响公共服务供给水平的主观因素，它决定了地方政府愿意为提供基本公共服务付出多大比例的财政支出，同时不同地区的财政支出偏好的异质性将影响到基本公共服务差距变化的趋势。增加转移支付的确能够缓解欠发达地区的财政困境，但在特定的政府管理体制下，单一的财政手段无法从根本上解决基层政府提供公共服务的激励问题，若干因素也将对地方财政支出偏好产生重要影响。

一是经济发展方式路径。对于经济发展议题，中央政府、地方政府和居民三者面临的激励在很大程度上是一致和相容的，问题在于转型国家发展经济的方式带有政府主导、投资拉动等浓烈的计划经济色彩，反映在支出偏好上就呈现出"重经济建设，轻人力资本和公共服务"的结构特征。这种支出结构从短期来看经济增长绩效显著，却也导致了投资短视、重复建设、牺牲环境等负面效应，而且抑制了居民即期的福利性消费。单纯依靠转移支付，不改变发展理念和发展方式，将导致中央政府对实现公共服务提供目标的政治决心不可置信，无法从实质上转变地方支出偏好。

二是政府绩效评估体系。作为单一制国家，中央在对地方官员的治理上拥有绝对的权威，由于任期和侧重于经济发展的政绩考核标准，提供公共服务与地方政府自身利益关联程度不高；而不同于经济发展、治安稳定等"硬"指标任务，由于公共服务的性质和信息局限，中央政府可能难以对地方进行有效考核。政府绩效评估体系建设的滞后也将限制转移支付促进基本公共服务均等化的效果。

三是财政道德风险。在基本公共服务领域，中央政府和地方政府之间存在事实上的委托—代理关系。对于落后地区，基本公共服务供给不足，尤其是供给的延迟在一定程度上可以用财政道德风险来解释。即地方政府倾向于策略性地扭曲其内在的支出偏好，将高优先权的支出项目（如和民生直接相关的公共服务支出项目）策略性地安排在低优先权项目之后，因为地方政府知道中央政府的支出优先序与其相同，并且一旦高优先权的支出项目未能得到有效提供，中央政府将以更高的概率施以援手。于是在财政支出绩效评价体系不健全的情况下，地方政府的这种策略性安排，尤其是落后地区，可以从中央政府获得额外的转移支付。如果这种政府间财政道德风险成为一种普遍倾向，那么地方政府支出偏好扭曲偏差就会呈现系统性特征，非转移支付可以扭转（汤玉刚，2012）。

第 3 章

转移支付促进基本公共服务均等化的体制背景与制度安排

尽管基本公共服务均等化议题已上升到国家战略层面，中央对地方转移支付制度也逐步成型，但财政分权依然是实施均等化依赖的基本体制框架。转移支付促进基本公共服务均等化的效果，不仅有赖于转移支付制度功能的发挥，关键是造成基本公共服务差距的深层次体制性障碍是否得以消除。本章从区域基本公共服务非均等形成的财政体制诱因、中央转移支付制度安排及其财政激励效果三个方面直观展现中国实施均等化的体制背景和制度安排，以初步揭示均等化所面临的制度缺陷与体制障碍。

3.1 区域基本公共服务非均等的财政体制诱因

对理解基本公共服务差距形成的财政体制原因而言，1994 年的分税制改革是一个关键时点。综观改革过程，其核心议题之一就是如何在中央政府和地方政府之间合理分权，在维护中央权威、加强宏观调控能力的同时，调动地方政府发展经济的积极性。而其内含的集权倾向与渐进式改革特征，客观上导致了地方政府财政行为变异（周飞舟，2006）。

3.1.1 分税制财政体制改革及其收入集权倾向

构成分税制基本背景的主线有两条：一条是中央与地方关系中中央财

政的被动局面；另一条则是财政包干制下地方政府与企业的结合阻碍"政企分开"目标的实现，并进一步造成了中央财政能力的下降。

1980 年以后，财政体制改革的基本方向就是要改变计划经济体制下统收统支的财政模式，对地方放权让利。其中，1980 年推行的"划分收支、分级包干"体制改革，开启了构建分级财政体制的进程；1985 年实行的"划分税种、核定收支、分级包干"体制，在原有基础上进一步划分了各级政府的事权，而且也顺应和符合政企分开的企业制度改革趋势；1988 年在全国范围内实行全方位的财政包干体制，具体包干形式虽有不同，但都显示出了鲜明的财政激励特征，使各地方政府可从财政增收和超收中多得。① 财政包干调动了地方政府组织财政收入的积极性，特别是上解比例大的地区，从而保证了财政收入的稳定增长。

在发挥优势之余，财政包干体制的内生性缺陷在近十年的运行过程中也日益显著。第一，该体制在全国范围内并不统一，只能通过中央与各省逐个谈判落实的办法，省以下同样如此，各级财政之间的利益分配关系既不稳定也不公平。第二，长期以基数核定收支，延续并固化了历史和人为因素造成的不合理分配格局，在一定程度上恶化了地方财力不均的程度。第三，地方政府获取了相对更多的财政收入增量，中央政府的财政增长缺乏弹性，宏观调控力度减弱；地方政府完成包干任务以后，通过各种措施将预算收入转向预算外收入，造成分配秩序混乱，财政收入大量流失。实行财政包干制期间，中央财政收入占全国财政收入的比重大幅度下降，从1984 年的 40.5% 下降到 1993 年的 22%；而财政收入占 GDP 的比重也从 20世纪 80 年代初期的 30% 以上下降到 1993 年的 12.6%。在整个财政包干体制背景下，中央无法像改革前那样有效地集中地方的财政收入，期间更多

---

① 根据 1988 年国务院发布的《关于地方实行财政包干办法的决定》，在原财政体制基础上，对不同地区（包括部分上解）地区实行不同的包干办法，其中适用收入递增包干办法的有北京市、河北省、辽宁省（不含沈阳市和大连市）、沈阳市、哈尔滨市、江苏省、浙江省（不含宁波市）、宁波市、河南省和重庆市；适用总额分成办法的有天津市、山西省、安徽省；适用总额分成加增长分成办法的有大连市、青岛市、武汉市；适用上解额定增包干办法的有广东省和湖南省；适用定额上解办法的有上海市、山东省、黑龙江省；而吉林省、江西省、福建省、陕西省、甘肃省、海南省、内蒙古自治区、广西壮族自治区、贵州省、云南省、西藏自治区、青海省、宁夏回族自治区、新疆维吾尔自治区、湖北省和四川省则属于定额补助地区。

次向地方借款，调控乏力，权威受损。第四，地方政府为了提高地方财政收入，一方面奉行地方保护主义，导致统一的国内市场难以形成；另一方面大办地方企业，与企业之间形成了更紧密的结合，这种以政府主导扩大投资以拉动经济增长的方式仍然带有鲜明的计划经济色彩，极大地阻碍了向市场经济转轨的进程。

为了缓解中央财政压力，增强宏观调控能力，适应市场经济的需要，中央决心从1994年起全面推行分税制财政体制改革，改革措施包括：（1）根据中央与地方支出责任的划分，按中央税、地方税和共享税划分中央和地方的收入。（2）实行税收返还和转移支付制度。（3）分设中央和地方两套税务机构，实行分别征税。税收立法权集中在中央，所有主体税种按分税制的划分办法进行分配；同时各地的税务系统独立于财政系统，隶属于国家税务总局并直接对上级税务部门负责。随着社会经济形势的变化，分税制财政体制在1994年基础上又先后经历了证券交易印花税分享比例调整、金融保险营业税收入划分调整、所得税收入分享改革、出口退税负担机制改革以及企业所得税"两法合并"等调整完善。①

分税制无疑是一次中央推动的财政集权改革，其核心内容就是将税收分为中央税、地方税和共享税，同时用转移支付消除因改革引致的地方财政缺口。通过此次改革及其后续调整，中央政府获得了自20世纪80年代中期开始不断向地方政府转移的大部分财政权力，并重新回收重要领域的经济管理权。新的财政体制不但终结了过去财政包干体制中央财政屡陷困境的局面，使"两个比重"，尤其是中央财政收入比重迅速提高（见图3-1），对规范各级政府职责、发挥地方政府积极性等方面也有促进作用。

新的财政收入分配关系大大增强了中央财政的控制力。第一，在财政收入向中央集中的同时，分税制改革基本没有触及中央与地方财政间支出责任的调整。表3-1的数据表明，在实行财政包干制的最后几年，中央财政收入占国家财政收入比重平均来看约为28%，支出方面则大致为30%；改革后收支分权路径开始分化，中央财政收入比重迅速跃居50%以上并保

---

① 中央与地方财政收支划分情况参见附录1中表1-1和表1-2。

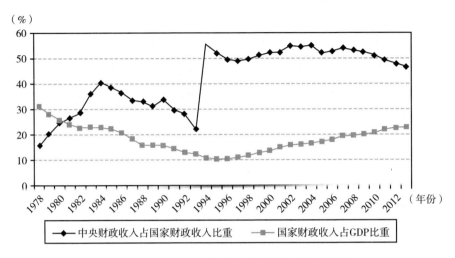

图 3 – 1　1978 ～ 2013 年"两个比重"的变动趋势

资料来源：历年《中国财政年鉴》。

| 表 3 – 1 | | | | | | | 1990 年至今中央和地方财政分配关系的变化 | | | 单位：% |

年份	财政收入初始分配		地方上解后中央收入	转移支付后中央收入	上解下拨后地方收入	财政支出分配	
	中央	地方				中央	地方
1990	33.8	66.2	50.2	30.3	69.7	32.6	67.4
1991	29.8	70.2	45.4	28.0	72.0	32.2	67.8
1992	28.1	71.9	44.2	27.0	73.0	31.3	68.7
1993	22.0	78.0	35.8	23.3	76.7	28.3	71.7
1994	55.7	44.3	66.6	20.8	79.2	30.3	69.7
1995	52.2	47.8	62.3	21.7	78.3	29.2	70.8
2000	52.2	47.8	56.6	21.8	78.2	34.7	65.3
2005	52.3	47.7	54.5	18.3	81.7	25.9	74.1
2006	52.8	47.2	54.8	20.0	80.0	24.7	75.3
2007	54.1	45.9	55.8	20.4	79.6	23.0	77.0
2008	53.3	46.7	54.8	17.3	82.7	21.3	78.7
2009	52.4	47.6	52.4	10.7	89.3	20.0	80.0
2010	51.1	48.9	51.1	12.2	87.8	17.8	82.2
2011	49.4	50.6	49.4	11.0	89.0	15.1	84.9
2012	47.9	52.1	48.9	10.3	89.7	14.9	85.1
2013	46.6	53.4	47.6	10.4	89.6	14.6	85.4

资料来源：历年《中国财政年鉴》。

持基本稳定，其支出比重从长期来看则呈现出下降趋势，2012～2013年甚至低于15%。第二，新的财政收入分配关系改变了中央财政依靠下级财政上解获得控制力的现象，地方上解占中央财政比重由1994年的10.9%，下降到2005年的2.2%，并呈加速下降态势，到2009年后几乎可以忽略不计。第三，中央转移支付能力日益增强，并表现出强大的跨区域转移能力。自上而下的转移支付占国家财政收入的比重先由1994年的11.3%增至2001年的22.5%，经2002年所得税收入分享改革后进一步上升。2006年此比重约为24%，2013年则继续升至37.2%。相对而言，同步提升的还有地方财政对中央转移支付资金的依赖程度。1994～2013年，中央对地方转移支付占地方财政支出总额比重已经从14.6%提高至37.5%。可见，分税制改革及其后续完善措施的集权倾向是明确的，但就中央和地方之间的财力分配状况而言，上解下拨后的地方收入依然大于地方支出，地方财力和支出责任之间从整体上并不存在明显失衡。

3.1.2　分税制改革的不彻底性与基层财政状况恶化

问题在于，从规范的财政分权角度考察，分税制改革仍是一次"未完成的改革"、一局"没有下完的棋"（马涛，2011），这在三个方面表现尤为明显。

首先，中国的财税体制仍是"一国两制"，"财政收支"或者说"预算收支"并不等于政府收支。目前的政府收入口径实际上涵盖了公共财政收入、政府基金收入、社保基金收入和国有资本经营收入四部分。按照可否审批、能否统筹的标准来评估，具备统一的制度规范、须接受并通过各级人民代表大会审议批准而后由各级政府统筹使用的只有公共财政预算。以此为前提再来观察政府收入格局就会发现，2013年，以包括上述四类预算的收入盘子论，公共财政预算收入所占比重为61.89%，其余三类收入比重之和达到了38.11%，二者之间接近60∶40；如果从税收收入和宽口径的非税收入来看，二者之比大致为53∶47，这意味着游离在体制之外的政府收入几乎可以和财政收入等量齐观（见表3－2）。该特征在地方层面更为凸显，2012年地方政府收入规模达到了173772.39亿元，其中公共财政

收入占比 61.25%，剔除中央对地方税收返还与转移支付以后，地方本级
公共财政收入占比为 35.15%，而税收收入比重仅为 27.23%，不到 30%。[①]
一些基层政府的非税收入甚至超过了税收收入好几倍。可以说，经过 20 世
纪末以来多次集权性质的政策调整，真正纳入全口径预算管理视野的政府
收支比重虽有改善，但形式意义远远大于实质结果。

表 3 – 2 　　　　　　　　　2013 年中国政府收入规模与结构情况

项目	收入额（亿元）	占政府收入的比重（%）	占 GDP 的比重（%）
公共财政收入	129143	61.89	22.70
其中：税收收入	110497	52.95	19.42
非税收入	18646	8.94	3.28
政府性基金收入	52239	25.03	9.18
其中：政府性基金收入（不含土地）	41240	19.77	7.25
国有土地出让收入	41250	19.77	7.25
社会保险基金收入	32828.78	15.73	5.77
其中：财政对社会保险基金的补贴	7180.31	3.44	1.26
社会保险基金净收入	25648.47	12.29	4.51
国有资本经营收入	1641.51	0.79	0.29
其中：中央国有资本经营收入	1083.11	0.52	0.19
地方国有资本经营收入	558.4	0.27	0.10
全部政府收入	208671.51	100.00	36.67

注：公共财政收入和政府性基金收入系决算数，社会保险基金收入和国有资本经营收入系预算数。

资料来源：高培勇、杨志勇，《中国财政政策报告（2013/2014）：将全面深化财税体制落到实处》，中国财政经济出版社 2014 年版。

更为关键的是，受既得利益格局和现有法律法规制约，国有资本经营
性收益以及地方政府高度依赖的土地出让收入，需专款专用，无法用于平
衡公共财政预算；而农业、教育、社保、科技和文化等重点财政支出的增
幅大多与财政收支或 GDP 总额挂钩。政府的收入来源是分割的，支出用途

---

① 根据中华人民共和国财政部预算司网站《2013 年全国财政决算》中《地方公共财政收入
决算表》《地方政府性基金收入决算表》《地方国有资本经营收入决算表》计算得出。详见中华人
民共和国财政部预算司：《2013 年全国财政决算》，http：//yss. mof. gov. cn/2013qgczjs。

同样也是分割的。财政部门作为政府配置公共资源的代理人，无法统筹安排所有的政府收入和支出，当然也就无法确保公共资源的最优配置。既然无法统筹，那么无论是讨论分税制改革的集权效果，还是判断中央和地方间分权水平的适宜程度，其意义和准确性都是极其有限的。

其次，从根本上说，分税制改革对各级政府间财政关系的划分和调整依靠的是政治权威，并未上升到法律层面以形成制度性框架。这种更接近放权而非分权的划分方式固然与中国单一制大国国情有关，但同时也意味着中央在政府间权、责、利关系的划分和界定上居于主导地位，地方无法形成稳定预期，从而为各级政府的机会主义行为埋下了制度隐患。中央凭借政治权威单方面变更与地方之间的财政关系并非毫无成本代价，一方面，势必要照顾既得利益以减少地方对改革的抵触，削弱改革的实际效果，比如在转移支付制度设计中体现对既得利益的维护；另一方面，考虑到地方财政短缺的严重后果，对地方政府的机会主义行为中央多数只能默许，预算约束一再失效，催生出新的风险与恶性循环，比如地方政府对体制外收入的高度依赖和债务规模的急剧膨胀。

最后，省以下迟迟没有形成真正的分税制。分税制改革距今已过去 20 年，但分税制的"阳光世界"仅存在于中央和地方财政层面，省以下仍然处于谁也说不清的"灰色地带"。根据分税制改革意见，省以下收支划分由省级政府参照中央和省一级的财政关系根据实情自主决定。[①] 在中央和地方之间财政关系都未能得到制度保障的前提下，省以下各级财政关系同样是由上级政府单方面决定，结果便是各级政府普遍倾向于将中央财权上收的压力和支出责任转移给下一级政府。基层财政状况不断恶化；且由于地方主体税种的缺失，中央每一次带有集权性质的规范举措经过层层转嫁扭曲，客观上都演变为基层财政状况恶化的助力。

从地方各级政府的财政自主程度及其变化趋势中可以看出，2002 年所得税收入分享改革后，整个地方财政的自给率（预算内收入/预算内支出）在 0.5 ~ 0.6 之间；其中，地市级财政自给程度则为 0.6 ~ 0.7 的水平，较地方财政整体更高。进一步将地级市财政分拆成市辖区和市辖县两级，差

---

① 省以下财政收支划分情况参见附录 1 中附表 1 - 3 和附表 1 - 4。

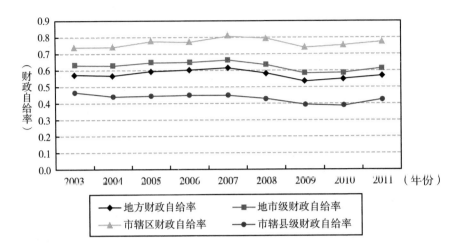

图3-2 不同层级地方政府的财政自给率（2003~2011年）

资料来源：历年《中国统计年鉴》和《中国城市统计年鉴》。

异则开始显化。市辖区的财政自主程度始终维持在0.7以上的水平，后者则不足0.5，2009年和2010年甚至仅有0.4的水平。这说明不同层级政府的财政自主程度差异巨大：在整个地方和城市层面，财力与支出责任不匹配程度可能并不明显，但越到基层和农村地区，问题就越严重。

3.1.3 地方财政支出结构偏向的形成及其异质性后果

分税制改革的集权倾向和渐进式改革特征使地方层面的财政收支压力骤增，基层政府扩张财政收入的需求日趋强烈，或极力增收——包括由地方经济增长引致的税收增加和来自上级的转移支付，或压缩开支或赤字运行。面对收支分化的财政激励，地方政府普遍重视增长效应显著的公共投资，而忽视公共服务的供给，在财政支出结构上表现出显著的"重经济建设、轻人力资本与公共服务"偏好。

然而，财政激励并不是上述支出结构倾向形成的唯一原因。中国作为一个大国，"分而治之"的政府治理模式是必然选择。中央政府仅保留对地方监督权和人事任免权的控制，逐级下放行政责任；地方政府负责提供辖区内绝大部分公共品，同时享有高度的自由裁量权。因而，中国政府治理模式的有效性一是取决于能否最大限度地降低中央与地方之间的信息不对称；二是中央能否保证对地方政府行为的激励与约束。

对此，中央政府自改革开放以来逐步建立政绩考核激励体制，同时引导地区之间的横向竞争，通过多头任职（cross‐posting）、任命（appointment）、干部交流（rotation）、晋升（promotion）等手段克服监督中的信息不对称和维护标尺竞争（yardstick competition）的有效性。在这个体系中，中央（或上级）政府制定一系列指标，地方（或下级）政府承诺在规定时期内完成；否则就需要承担行政责任和物质惩罚，而且往往是一项指标不达标将抹杀其他所有成绩。

表3－3显示，中央政府对地方政府的责任要求多达15个方面，属于典型的多任务委托代理模式。出于任务准确下达和事后考核的需要，涉及的任务目标必须能够清晰客观地度量。显然，GDP、财政收入、国内外直接投资、基础设施建设等经济指标更容易量化和直接比较，因而成为中央政府考核地方官员和地方政府竞争的侧重点。而对社会发展和精神文明建设等方面的要求具有更多的"负面清单"特点，属于考核官员的必要条件而不是充分条件，不能满足的情况下才一票否决，因而地方政府有激励在达到这些最低要求以后将资源集中用于经济发展（傅勇，2010）。此外，中国的户籍制度对居民身份的区分传统以及人口流动性的缺乏，导致"以足投票"机制失效，客观上强化了地方政府"对上负责""唯GDP"的政绩观，"重经济建设、轻社会民生"的支出结构偏向也因此得以固化。

表3－3 中国的政府治理目标责任体系

经济建设	社会发展和精神文明建设	政党建设
1. 经济总量、增速和人均水平	8. 人口和计划生育	12. 意识形态和政治建设
2. 国家税收和地方财政努力	9. 社会稳定	13. 领导队伍建设
3. 城乡生活水平	10. 教育、科技、文化、体育事业	14. 民主集中制建设
4. 农业生产和农业发展	11. 环境保护和生态环境	15. 基层党组织建设
5. 国有资产管理		
6. 企业运营和发展		
7. 基础设施建设，包括交通、能源、通信、市政建设等		

资料来源：Tsui and Wang, "Between Separate Stoves and A Single Menn：Fiscal Decentralization in China", *China Quarterly*, 2004, 177：71－90。

对以上财政与政治激励因素的分析至少表明，中国公共财政支出结构偏向的产生和固化更多地源于体制，而非仅仅是财力约束。表 3 - 4 显示，中国的经济建设性支出占比（34.1%）不仅远远高于 OECD 成员方中发达国家 10% 左右的水平，也高于同样具有从计划经济向市场经济转型特点的匈牙利、捷克和波兰等所谓"转型三国"14.7% 的水平。如果将以国有土地出让收入为主体的政府性基金预算支出考虑在内，这一数字将进一步增加。与此同时，我国用于社会福利性支出的比重为 36.5%，较 OECD 成员方 60%～70% 的一般水平又至少低了 25 个百分点。由于财政支出结构反映的是对应各项政府职能在国家政策体系中的优先程度，经济建设性比重偏高，说明中国依然未能走出以扩大政府投资和建设支出换取经济增长的传统思维局限，国家财政对民生领域的投入处于不足或欠账状态。

表 3 - 4　　　　　中国与 OECD 国家的财政支出结构比较　　　单位:%

支出分类		中国	美国	法国	德国	英国	日本	北欧三国	转型三国
基本政府职能支出	一般公共服务	13.5	11.7	12.2	12.8	10.6	11.5	12.2	14.1
	国防	5.9	11.9	3.7	2.3	5.4	2.2	2.9	2.6
	公共安全	6.6	5.4	3	3.4	5.2	3.2	2.3	4.2
	环境保护	3.3	–	1.8	1.5	2.0	2.9	1.0	1.7
	合计	29.3	29	20.7	20	23.2	19.8	18.4	22.6
经济建设性支出	经济事务	22.8	9.6	6.0	9.9	6.2	9.6	8.1	13.0
	住房与社区设施	11.3	2.3	3.4	1.5	2.6	2.0	1.2	1.7
	合计	34.1	11.9	9.4	11.4	8.8	11.6	9.3	14.7
社会福利性支出	教育	17.4	15.7	10.6	9.0	13.7	8.8	13.4	11.5
	文化体育传媒	2.3	0.7	2.7	1.7	2.2	1.0	2.6	3.2
	医疗卫生	6.3	20.8	14.2	15.0	16.3	17.0	14.9	13.1
	社会保障就业	10.5	21.6	42.7	43.2	35.7	42.3	41.4	34.9
	合计	36.5	58.8	70.2	68.9	67.9	69.1	72.3	62.7

　　注："中国"数值系将中国 2012 年公共财政支出决算数据按照 OECD 的分类方法重新分类，使之能够比较。

　　资料来源：高培勇、杨志勇，《中国财政政策报告（2013/2014）：将全面深化财税体制落到实处》，中国财政经济出版社 2014 年版。

更为重要的是，各地区的财政支出结构偏向在财政能力水平差异的影响下表现程度并不相同，造成的后果也不尽一致（见表3-5）。在基本公共服务均等化提升至国家政策目标之前，对经济较为发达、财政支出规模较高的东部省份而言，发展经济、改善投资环境固然是重中之重，但随着居民生活水平不断提高，民意表达机制和渠道的逐步完善，地方财政支出结构上也有相应的反映：基本建设支出和行政管理费支出保持基本稳定，文教卫和社会保障支出比重也有一定的上升。反观经济发展水平相对落后、财政支出规模较小的中西部省份，行政管理费支出比重显著高于东部地区，从侧面反映出中国政府机构设置和人员配备的"职责同构"现象；而在基本建设支出方面二者出现了分化。得益于西部大开发战略和转移支付制度的实施，西部省份的基本建设支出比重与东部发达地区不相上下，而中部各省"吃饭财政"的结构特征更为突出。可见，在发展水平与东部地区差距较大的情况下，政策倾斜确实给予了西部省份更多的财政结构调整空间，使财政转型成为可能，但这种改变首先反映在经济建设而非公共服务领域。

表3-5 　　　　　2001~2006年地方财政各项支出比重 　　　单位:%

		2001年	2002年	2003年	2004年	2005年	2006年
东部省份	基本建设支出	9.51	9.80	9.98	10.03	9.68	9.09
	农林水支出	4.87	4.75	5.38	5.35	5.26	5.28
	文教卫支出	17.51	17.71	21.86	21.11	19.96	20.30
	社会保障支出	3.88	4.11	4.11	4.30	4.29	4.22
	行政管理费支出	9.39	9.76	9.82	10.01	9.82	9.88
	公检法司支出	7.17	7.40	7.60	7.73	7.58	7.52
中部省份	基本建设支出	4.61	4.77	5.35	6.01	5.80	6.00
	农林水支出	5.62	5.77	6.31	7.26	7.45	6.72
	文教卫支出	19.51	19.97	23.77	22.54	21.80	21.25
	社会保障支出	6.39	7.54	7.12	7.26	7.45	6.72
	行政管理费支出	12.53	12.55	12.43	12.11	11.98	11.34
	公检法司支出	7.14	6.81	6.93	6.91	6.91	6.35

续表

		2001 年	2002 年	2003 年	2004 年	2005 年	2006 年
西部省份	基本建设支出	10.40	10.60	10.60	8.43	9.46	8.68
	农林水支出	7.74	7.55	7.55	10.07	8.97	8.72
	文教卫支出	19.06	19.24	19.24	22.87	22.53	22.82
	社会保障支出	3.67	4.62	4.62	4.74	3.97	4.23
	行政管理费支出	13.68	13.78	13.78	13.61	13.69	13.08
	公检法司支出	5.95	5.93	5.93	6.27	6.28	5.95

资料来源：《中国财政年鉴》相关年份。

3.2 中央对地方转移支付制度安排

3.2.1 中央对地方转移支付体系的发展阶段与项目形式

当前中央转移支付制度的发展大致可划分为制度的确立期、过渡期和完善期三个阶段。1994 年是我国转移支付制度的确立期，该年确立或沿用的转移支付项目主要包含税收返还、体制补助、结算补助和专项拨款等。

在制度确立期，最重要的项目是税收返还。分税制改革要求将原属于地方的全部消费税和 75% 的增值税将上划给中央财政。该举措对整个地方财政，尤其是经济发达和财力丰裕地区所形成的压力和冲击无疑将成为改革的重要阻力，客观上也不利于发达地区经济的高速稳定发展。为保证改革的顺利进行，中央以转移支付的形式维护地方的既得利益，对地方实行"两税"基数返还，并采取"存量不动、增量调节"的办法：将 1993 年中央净上划收入全额返还地方，即以消费税与增值税的 75% 之和减去中央下划收入作为返还基数；自 1994 年开始依据返还基数逐年递增，并按各地区增值税和消费税增幅的 1:0.3 系数确定增长幅度，如果未达到基数水平，则相应扣减税收返还数。可见，中央对地方的税收返还不仅保证基数，而且还逐年调整递增，从而有效地保证了地方的既得财力格局。

　　类似功能的转移支付项目还包括后来的所得税收入基数返还。2001年，中央政府决定实行所得税收入分享改革，自2002年起按照企业隶属关系实施企业所得税和个人所得税在中央和地方间的分成。在这一方案中，中央不但保证了各地区2001年实际所得税收入基数，还承诺每年因所得税改革增加的中央收入将全部用于补充均衡性转移支付。

　　无论是1994年的增值税和消费税返还，还是2002年的所得税基数返还，发生的直接原因都在于税收收入归属的重新划分引致的地方收入减少。值得指出的是，一般认为税收返还本质上仍属于地方财政收入，其实施目的和分配机制决定了经济越发达、相关税收收入越高的地区得到的税收返还也越多，因而不具备财力均等化效应。但就地方征税行为而言，可以将税收返还视为总量性质的转移支付，因为其在各地区间的分配与地方征税行为基本不相关，如增值税和消费税的征管机构都是国家税务系统，与地方征税行为无关；而所得税返还的基数在改革基期已经确定，以后年份不再改变，同样不取决于地方征税行为。因此对地方支出行为而言，税收返还意味着能够被地方政府准确预计而且可以统筹支配的财力。

　　体制补助在分税制改革之前就已存在，作为财政包干体制的一种延续，在改革之后仍然得以保留。根据原有体制中中央和地方的既定分配格局，中央政府对部分地方实施定额补助，而其余地方政府则上解中央收入。① 体制补助的范围、分配方式与额度计算都相对固定，这种令"受益地区长期受益，吃亏地区长期吃亏"的转移支付形式显然是对原有利益分配格局的进一步巩固。

　　结算补助是中央对地方在财政体制之外的事项进行结算而给予的补

---

　　① 2009年需按原体制上解的21个省（自治区、直辖市、计划单列市）包括上海、江苏、北京、浙江、辽宁、天津、湖北、广东、青岛、河北、大连、重庆、河南、湖南、宁波、安徽、黑龙江、山西、厦门、深圳和山东，上解数额为538.15亿元；中央需按原体制补助的地区有16个，分别是西藏、新疆、内蒙古、青海、贵州、云南、广西、福建、宁夏、四川、海南、甘肃、陕西、吉林和江西，补助额度为136.14亿元。

助。中央在分税制改革后重新调整了结算事项及相关办法，使之在一定程度上具备调节各地区财力的功能。但补助数额本身就是根据体制之外的事项确定的，在分配上任意性较强。

专项拨款是中央财政为了解决地方的某些暂时困难和严重自然灾害损失给予地方财政的专项拨款、专项补助，其功能在一定程度上与基本公共服务均等化目标相吻合；但和结算补助类似，专项拨款的分配时较为灵活，在实际操作中受人为因素影响很大。

1995 年转移支付制度进入过渡期，在沿用原有四类转移支付形式的基础上增加了过渡期转移支付这一新的形式，首次采用公式法并以促进均等化作为分配目的。以各个地区标准财政收支的测算结果作为分配依据：标准支出大于标准收入的地区将获得相应规模的转移支付；反之则需进行体制上解，从而促进各地区标准收入和标准支出的相对平衡。除了标准财政收支缺口外，转移支付系数是确定各地区获得转移支付规模的另一重要因素，该系数大小一方面取决于各地区差别化的财政困难程度和努力程度，另一方面则受到国家民族地区政策的影响。

由于明确规定"不调整地方既得利益；中央财政从收入增量中拿出一部分资金用于过渡期财政转移支付，逐步调整地区之间的利益分配格局"，一方面，过渡期转移支付保持了体制的相对稳定，在总体格局不变的情况下重点扶持西部经济欠发达的民族地区；另一方面，通过应用因素法和公式法为建立规范化的财政转移支付制度奠定了基础，其分配逻辑符合均等化的客观要求。然而，由于缺乏稳定的资金规模增长机制，过渡期转移支付无法对地区间财力分配的既定格局产生实质性影响；短期内对少数民族因素的强调和分配倾斜并不具有普适性和稳定性。如同其名称一样，过渡期转移支付仅部分地具备均等化转移支付的形式，其实际作用十分有限。

伴随着社会经济形势的变化和分税制财政体制的逐步完善调整，转移支付制度也进入完善期。除了规模趋于稳定、比重不断下降的税收返还，中央对地方的转移支付目前主要分为两类：一是不规定具体用途、可由地方作为财力统筹安排使用的一般性转移支付[1]；二是基于中央特定政策目标、专款专用的专项转移支付体系。

在一般性转移支付体系内部，均衡性转移支付是由1995年设立的过渡期转移支付演变而来的。2002年，过渡期转移支付的概念不再使用，改为一般性转移支付，并以所得税收入分享改革集中的财力用作资金增长来源；2009年再次更名为均衡性转移支付，是均等化效果最为显著的转移支付形式，但其内置的均等化因素对地方财政努力会产生一定的逆向影响。

国家重点生态功能区转移支付是中央财政从国家生态安全、促进生态文明的大局出发，自2008年起在均衡性转移支付项下增设的一般性转移支付项目。2008年中央财政开展生态功能区试点，将天然林保护、三江源和南水北调等重大生态功能区所辖约230个县纳入转移支付范围。2009年，国家重点生态功能区转移支付试点范围进一步扩大，对纳入转移支付范围的县区，按照均衡性转移支付测算的标准收支缺口给予100%补齐。

民族地区转移支付是中央政府从2000年起对民族地区安排的一项一般性转移支付。其资金来源一是中央本级财力，包括2000年中央财政专门安排的10亿元，和以后每年中央分享的增值税收入增长率递增的部分。二是民族地区当年上划中央增值税收入比上年增长部分的80%。在分配办法上，一是对各地上划增值税环比增量的40%按来源地直接返还；二是另外的40%连同中央财政专门安排的资金，按照各地区标准财政收支差额以及财政困难程度等因素分配，即部分与来源地挂钩、部分按公式分配。[2]

---

① 其他一般性补助主要包括中央实施某些宏观调控政策后，对地方财政减收所进行的财力性补助以及年终结算，如固定资产投资方向调节税暂停征收财政减收补助、实施天然林保护工程地方减收补助以及退耕还林还草减收补助等。自2007年起，中央对地方的体制性补助列入财力性转移支付。自2009年起，原财力性转移支付改成一般性转移支付，原一般性转移支付改称均衡性转移支付；一般公共服务、公共安全、教育、社会保障和就业、医疗卫生等具有一定财力性质、数额相对固定的部分专项转移支付并入一般性转移支付。

② 自2010年起，中央财政进步完善了民族地区转移支付办法。一是转移支付总规模按照前三年全国增值税收入的平均增长率滚动递增。二是资金分配区分民族省州和民族自治县两部分：民族自治县转移支付规模在上一年度各自补助数基础上，统一按照前三年全国增值税收入平均增长率滚动递增；转移支付总额扣除用于民族自治县后的部分，在民族省份和民族自治州间分配。其中，70%部分按照因素法进行分配，30%部分考虑各地上划增值税贡献因素进行分配。对于按照统一办法测算的转移支付额少于上一年度分配数的地区，按上年数额下达转移支付。

缓解县乡财政困难转移支付。2005 年，为进一步缓解县乡财政困难，中央财政安排 150 亿元建立"三奖一补"县乡财政困难激励约束机制，对财政困难县的财政增收、县乡政府机构和人员精简、产粮大县给予奖励和补助。这实际上是采用"以奖代补"方式分配的一种转移支付形式。

调整工资转移支付。对财政困难的老工业基地和中西部地区在执行国家自 1999 年起统一实施的调整工资政策中出现的财力缺口给予适当的转移支付补助；具有基数性质，中央对地方五次调资转移支付，每次补助数额确定后，以后年度若无新的调资政策出台，均不作调整。

农村税费改革转移支付。国务院自 2004 年开始取消除烟叶税外的农业特产税和农业税，粮食主产区和中西部地区由此减少的地方财政收入，由中央财政适当给予转移支付。地方财政减收额按 2002 年地方农业特产税和农业税实收数（含附加）计算确定，可见农村税费转移支付也具有基数性质。

专项转移支付体系内部则子项目繁杂，覆盖教育、卫生、农林水、公检法、环境保护等各领域，具体用途一般有：第一，中央对地方经济发展和事业发展项目补助，如对文化、教育、卫生、环保等项目的直接投入，这类转移支付一般有方向和项目控制，主要为公共福利项目；第二，特殊情况补助，如自然灾害补助；第三，保留性专项拨款，保留中央对地方比较固定的一些项目补助，主要采取定额包干方法，如中央对地方增编经费、军队专业干部经费补助等。目前中央对地方专项转移支付中约 70% 的项目制定了《资金管理办法》，其分配主要采用因素法、项目法及二者相结合等几种形式。

3.2.2　中央对地方转移支付体系的分配导向

如前所述，自转移支付设立之初，中央财政就根据宏观调控需要不断丰富转移支付类型，完善转移支付办法，使其成为财政支持改革和宏观调控的重要手段。就项目数量相对固定的一般性转移支付而言，除了 1995 年新增的过渡期转移支付，1998 年为落实积极财政政策、刺激消费，中央财政出台了调整工资转移支付。类似的，其后多个子项目也都是基于特定的政策目标而设立。总体来看，现行转移支付体系逐步规范，日趋完善，具有"均衡为主、适当激励、重点扶持、促进转型、点面结合"的特征；但受到特殊国情和渐进式改革的约束，也存在项目庞杂、分配随意、相互之间目标重叠或冲突等局限性，在一定程度上与缩小地区间基本公共服务水平差距的要求并不相符。可以从以下四个方面具体地观察中央对地方转移支付制度目标导向的变化历程。

1. 转移支付体系规模和结构变化

1994 年后，中央对地方税收返还和转移支付不断增加，2013 年达到48037.64 亿元，是 1994 年 2388 亿元的 20.11 倍，年均增长 17.1%；其中税收返还从 1798 亿元增加到 5056.9 亿元，年均增速为 5.59%；一般性转移支付从 229 亿元增加到24533.8 亿元，年均递增27.89%；专项转移支付从 361 亿元增加到 18446.94 亿元，年均增长 23%（见图 3 – 3）。从增长速度来看，一般性转移支付年均增幅最大，比专项转移支付和税收返还分别高出 4.89 个和 22.3 个百分点。

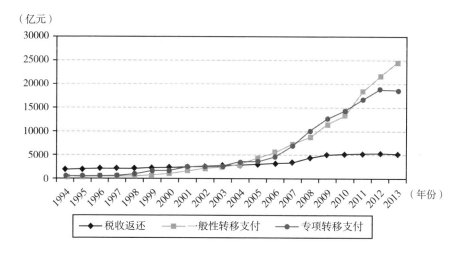

图 3 – 3　1994 ~ 2013 年中央对地方税收返还和转移支付规模变化

资料来源：1994 ~ 2009 年数据来源于李萍（2010）；2010 ~ 2013 年数据来源于 Wind 资讯金融数据库。

如图 3 - 4 所示，从累计规模来看，1994 ~ 2013 年，中央对地方税收返还合计 62487.07 亿元，占转移支付总额的 20.2%；一般性转移支付合计 125551.31 亿元，占比 40.6%；专项转移支付合计 121364.94 亿元，占比 39.2%。分类别、分年度观察，税收返还在转移支付总额中所占比重从 75% 逐年下降至 11%，其比重在 2000 年之前一直高于一般性和专项转移支付比重的总和。专项转移支付比重在 1994 年仅为 15%，在 2002～2010 年间成为比重最高的转移支付类别（最高值为 44%），2010 年至今则略微下降至 40% 左右的水平。而一般性转移支付比重由 1994 年的 10% 上升至 2013 年的 51%，2004 年时超过税收返还占比，2005～2007 年超过专项转移支付比重，2011 年后这种优势开始趋于稳定。

直观来看，转移支付体系的目标导向自分税制改革后也大致经历了三个阶段：1994～1999 年主要体现为维持既定格局以降低改革阻力，2000～2010 年以为一系列重大政策的连续出台提供配套支持为纲，其目标重心在于矫正纵向财政失衡；2005 年后开始着力于促进横向财政均衡，但直到 2011 年后均等化才成为转移支付体系事实上的目标。

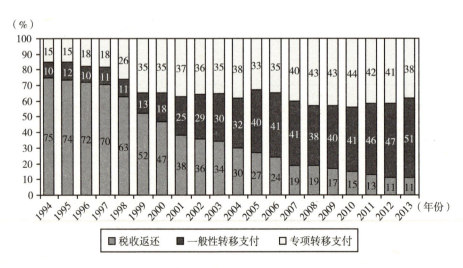

图 3 - 4　1994～2013 年中央对地方税收返还和转移支付结构变化
资料来源：根据图 3 - 3 中数据计算得出。

2. 转移支付各子项目的规模确定与分配机制

规模和内部结构变化是判断转移支付体系目标是否与均等化相吻合的

初步依据，实际效果如何还需关注其分配机制。税收返还方面，增值税和消费税返还的分配机制可表示为：

$$TR_{i,1993} = (CT + 0.75 \times VAT)_{i,1993} - DOWN_{i,1993} \qquad (3-1)$$

$$TR_{it} = TR_{it-1}\left[1 + 0.3 \times \frac{(CT + VAT)_{it} - (CT + VAT)_{it-1}}{(CT + VAT)_{it-1}}\right], t \geqslant 1994$$

$$(3-2)$$

其中，TR 是中央对地方的两税返还，CT 和 VAT 分别表示消费税和增值税，$DOWN$ 代表中央对地方的下划收入。1993 年中央对地方的两税返还基数如式（3-1）所示，1994 年后则由式（3-2）确定对地方的返还数额；而所得税返还的基数在改革基期已经确定，以后年份不再改变。无论是哪一种分配方式，都是以保证各地方政府的既得财力为前提。

从一般性转移支付和专项转移支付各项目的分配办法观察（见表3-6、表3-7），大多数一般性转移支付项目均具有完全或部分的基数性质，公式法和因素法的适用度不高。另外，专项转移支付的分配程序则更为复杂。一般来说，首先是由国务院或中央主管部门发布规划、申报通知或年度立项指南，财政部针对中央主管部门编制预算下达年度预算控制数，然后各地方财政部门、主管部门或中央组织部门将组织项目单位申报，在中央主管部门和财政部提出项目计划后，地方部门再提出经费申请，财政部将根据中央主管部门提出的资金分配建议确定资金分配方案，最后独立下达或联合中央主管部门下达资金。在执行上述分配程序的前提下，专项转移支付资金的分配具有较强的竞争性和不确定性，较为理想的做法是以上年度财政转移支付实施绩效的考评结果作为下一年度的分配依据。但在资金绩效评价机制不健全的情况下，往往根据地方配套水平进行分配，使财政困难地区在竞争专项资金方面的压力不减反增。为了获得项目及专款，一些财政较为困难的地区在没有财力配套的情况下，甚至采取负债配套或虚假配套的方式，加剧了地方财政风险；其他任意分配现象也层出不穷。

表3-6　部分一般性转移支付项目规模确定及测算办法

转移支付项目	确立时间	规模确定机制	测算办法描述	特点
均衡性转移支付	1995年	①中央所得税改革集中收入；②中央预算另外安排	根据标准财政收支缺口和困难程度分配。其中标准收入按税基乘以税率分省测算，标准支出分省、地、县三级，按照总人口乘以人均支出标准，成本差异系数等测算，按省汇总	均等化效果最为显著
民族地区转移支付	2000年	2009年以前：①民族地区上划中央增值税环比增量的80%；②中央预算另外安排；2009年以后：改为在上年转移支付额基础上，按照前三年增值税平均增长率递增	一半按照来源地均衡性转移支付标准收入缺口分配；另一半按照来源地增值税返还。省（区）、州，30%按来源地返还，70%按照均衡性转移支付标准均衡支出缺口计算；县根据上年数和全国增值税前三年增长率递增	部分与来源地挂钩，具有一定的激励作用
国家重点生态功能区转移支付	2008年	根据转移支付范围和均衡性转移支付标准收支缺口情况安排	将纳入转移支付范围的县区，按照均衡性转移支付测算的标准收支缺口给予100%补齐	2008年开始纳入均衡性转移支付
资源枯竭城市转移支付	2007年	根据转移支付范围和上划增值税情况计算	地级市，按照非农人口、困难程度、资源类型和成本差异系数进行修正；县（市、区）除按照人口等因素测算外，还给予固定数额补助	帮助这些地区消化公共服务和社会管理历史大账，具有一定的时效性
县级基本财力保障机制	2005年	预算安排	2009年以前：对产粮大县、困难县补助，精简机构人员给予奖励；对缩小纵向差距及以前年度精简的人员给予补助；2009年以后："三奖一补"资金进基数，按照"保运转，保民生，保工资"探索建立最低县级保障机制	起到均衡性转移支付补充的作用
调整工资转移支付	1999年	据实计算	根据供养人员和调资情况测算	具有基数性质
农村税费改革转移支付	2000年	预算安排	根据农村税费改革情况测算	具有基数性质
成品油价格和税费改革转移支付	2009年	根据成品油价格和税费改革新增收入确定	根据成品油消耗量、公路里程、公路密度等计算确定	特定用途

资料来源：李萍，《财政体制简明图解》，中国财政经济出版社2010年版，第57～58页。

表 3－7　专项转移支付规模确定及分配办法

分配办法	具体类别	办法描述	部分专款名称
因素法	"中央因素法、地方项目法"模式	中央财政采用因素法确定各省专项资金规模，地方以依据行项目管理	西部地区基层政权建设资金、边境地区专项转移支付资金、中央财政农业综合开发资金、化解"普九"债务补助资金、中央财政促进服务业发展专项资金、生猪调出大县奖励资金、中央补助地方文化教育与传媒事业专项资金
	"中央因素法、地方因素法"模式	中央和地方均采用因素法下拨资金	农资综合直补资金、粮食风险基金、能繁母猪补贴、国际金融组织和外国政府贷款、赠款项目公正审计专项经费、国际金融保险保费补助、普通本科高校、高等职业学校国家奖学金、优抚对象抚恤补助、新型农村合作医疗补助、中央政府森林生态效益补偿基金
	"中央因素法、地方自主"模式	中央通过因素法确定各省资金规模，各省相关部门自行安排	老少边穷地区纪检监察办公案补助费、质量技术监督专项补助费
项目法			企业关闭破产补助资金、天然林资源保护工程补助经费、地勘单位地质勘查项目补助及转产项目财政贴息经费、国外矿产资源风险勘察专项经费、国土资源大调查专项经费、危机矿山接替资源找矿专项、中央地质勘察基金、主要污染物减排专业单位补助、华侨事业费、青少年文化活动场所建设补助费、中小企业发展专项资金、科技型中小企业技术创新基金、科技型中小企业创新基金、厂办大集体改革试点中央财政补助资金、革命老区转移支付、车购税用于一般公路建设项目资金、老旧汽车报废更新补贴资金、非物质文化遗产保护专项资金、探矿权采矿权使用费返还、国家级自然保护区能力建设补助资金、现代农业产业技术体系建设专项资金、巩固退耕还林成果专项资金、小型农田水利设施建设补助资金、自然灾害生活救助资金等
其他分配办法	以奖代补	针对能够制定具体量化评价标准的项目	对于符合国家政策支持方向、已经按照规定标准审核验收合格的项目自行实行以奖代补，如城镇污水处理设施管网建设、新农村现代流通服务网络工程
	贷款贴息	针对投资规模大、能够获取银行贷款的项目	林业贷款贴息、下岗失业人员小额贷款贴息、国家助学金、国家助学贷款贴息、农村物流服务体系发展贷款贴息、中小外贸企业融资担保贷款贴息、粮食收购贷款贴息、商贸企业贷款贴息等
	财政补助	针对赢利性弱、公益性强、难以量化评价的项目	对项目自筹资金比例较高及地方财政给予支持的优先安排

资料来源：李萍，《财政体制简明图解》，中国财政经济出版社2010年版，第90～96页。

通过上述分析可以看出，严格遵照公式分配的税收返还在执行过程中具有明显的制度刚性，但其实施目的和分配机制决定了税收返还在促进横向财政均衡方面的作用较弱，甚至可能产生逆均等化效果。一般性转移支付在规模、比重和规范程度方面虽有较大程度的改善，但仍有相当规模的子项目并未严格按照均等化原则进行分配，均等化效果有待提升；而专项转移支付缺乏明晰健全的分配机制，在很大程度上限制了其均等化功能。

3. 转移支付资金的分配流向

尽管总体上倾向于中西部地区，但从图 3-5 观察可知，在分税制改革初期，转移支付的分配并未体现横向均衡的原则。首先，强化既得利益的税收返还比重较高；其次，各地区内部的差异并不亚于地区间差异水平，

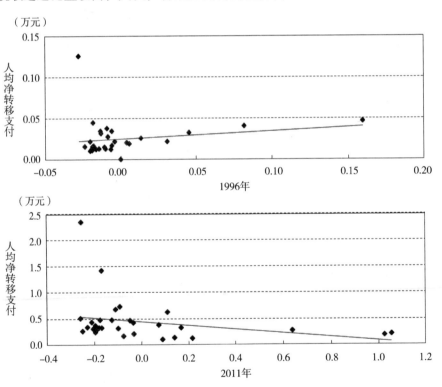

图 3-5　地区间人均转移支付与财政能力缺口

注：图中人均净转移支付指标为分省人均中央补助减去人均地方上解中央支出，各省的人均财政能力缺口等于该省人均财政收入减去全国水平的人均地方财政收入。

资料来源：《中国财政年鉴》相关年份。

对中西部地区整体倾斜并不能保证区内分配同样符合均等化原则。1996年，获得的人均转移支付资金额越多的地区，是人均财力高于全国平均水平的省份，其拟合系数约为0.09，即各省人均财力每高于全国平均水平1元，获得的转移支付会增加0.09元。随着近年来中央政府不断加大对经济欠发达地区的一般性转移支付、体制改革补助规模，直观来看转移支付的均等化作用也在不断加强。数据拟合显示，2011年人均财力缺口的回归系数为 −0.36，即各省人均财力每低于全国平均水平1元，获得的转移支付资金额就会增加0.36元。也就是说，从财政再分配角度看，目前已经呈现经济相对不发达的西部省份成为财政资金净流入比较多的地区。

4. 转移支付资金的预算安排与执行

在中央对地方转移支付体系中，税收返还严格按照分税制改革时确定的公式分配，能够被地方政府准确预计而且可以统筹支配，因而仍被视为地方可支配财力的组成部分。而除了部分规定明确用途的项目，如调整工资转移支付、农村税费改革转移支付等，一般性转移支付也大多可由地方财政自主支配。就这部分能被地方预计和统筹的转移支付资金而言，最大的问题在于执行机制。如均衡性转移支付长期以来"保工资、保运转"的分配导向，就在一定程度上对地方政府控制财政供养人口规模形成负面激励。

由于项目繁杂，专项转移支付既缺乏整体的规模稳定机制，也未规定明确的下拨时间。专项资金规模大小要到年底视中央财政预算执行情况而定，导致地方财政部门在年初编制预算时无法掌握本年度能得到多少专项转移支付，未能正式充分地反映在预算草案中递交人大审批。而相当一部分专项转移支付资金因为没有明确规定下拨时间，资金滞留和分解较为严重，对地方预算执行冲击较大，影响年度预算平衡。而除了中央财政掌握的预算类专项转移支付，还有各部委负责的大量项目专项转移支付资金，由于公开透明度低，人大根本无法监督相关预算的编制和执行情况。即使规定了特定用途，专项转移支付依然长期面临资金管理不善、使用效率低下的困境。

总体来看，在各类转移支付的演化过程中，税收返还比重逐步降低，在分配上保持了较好的制度刚性；规模比重逐步扩大的一般性转移支付在分配规则方面相对完善，但执行机制普遍较弱；占比依然较高的专项转移支付，无论分配和执行机制均不完善。可见，当前的转移支付制度离规范的均等化转移支付设计还有相当的差距。尤其值得关注的是，尽管坚持推进制度化是多年来转移支付改革的基本逻辑，整体规模和结构的优化使其横向均衡功能开始显现，但短期内的制度安排在很大程度上取决于中央与地方政府、主管部委以及相关领导者利益博弈的结果，他们之间不同的利益需求及力量对比，而非实现基本公共服务均等化，才是驱动转移支付变革的真正原因（王广庆等，2011）。这样的转移支付体系显然也不会使既定财政体制的激励特征发生根本性的变化，发挥合意的再分配功能。

🔲3.3 中央对地方转移支付的财政激励特征

3.3.1 分税制财政体制激励的总体特征

前面的讨论意在从大体上把握两个基本问题：中国推行均等化所依托的基本体制框架——分税制财政体制；采用的核心政策工具——中央对地方转移支付体系。基于缩小区域基本公共服务差距的整体目标而言，即使不考虑政治激励因素，这里仍然需要讨论的一个问题是，分税制财政体制的激励效果如何，以及转移支付使地方政府所面临的财政激励产生了何种变化。一般而言，考察财政收入和财政支出之间的相关性是研究财政激励最简单直观的方法（Jin，Qian and Weignast，2005）。从这个意义上说，一阶差分形式，即当地方政府财政收入变化时，其支出变化的幅度更贴近财政激励的含义。本节对该问题的考察主要基于预算内收支、预算外收支和预算内外收支交叉等三个方面。

首先，根据省级预算决算平衡表对各省的财政收入进行如下调整：净财政收入 = 预算内财政收入 + 中央补助收入 - 地方上解中央支出。观察表 3 - 8 中的回归结果发现，分税制改革以来的财政体制显示了极强的激励效应。1995 ~ 2011 年，一般来说，地方财政收入每增加 1 元，财政支出将增加1.03元;差分回归后系数虽有减小,但仍在0.9以上,即地方财政支出与收入几乎是一对一的增长。考虑了转移支付后,财政收入对财政支出的影响在存量意义上变化不大,但增量意义上下降明显。这与转移支付中税收返还和总量支付比重不断下降、一般性转移支付规模和比重不断上升的体制变化是一致的,表明转移支付与地方财政收入激励效应的方向目前虽然一致,但从变化的角度看,横向均衡的功能在不断加强。

表3-8 考虑转移支付前后的财政激励 (1995~2011年)

被解释变量	预算内财政支出			
预算内财政收入	1.03 *** (0.014)	0.94 *** (0.062)		
净财政收入			0.846 *** (0.126)	0.016 *** (0.003)
人口	−0.194 *** (0.032)	−0.018 (0.015)	0.04 (0.079)	0.072 (0.007)
R^2	0.9584	0.9028	0.9689	0.2489
Hausman 检验	0.049		0.081	
组	31	31	31	31
观察值	493	494	525	462
备注	FE	FD	FE	FD

注: *** 、 ** 、 * 表示在1%、5%、10%的显著性水平上显著。

同样作为财政资金,地方政府在预算外收支方面享有更高的自由裁量权,财政激励特征将更为显著。[1] 这一预期在符号上得到了实证结果的支持(见表3-9),但系数值低于预算内财政。伴随着地方政府的一部分预算外收入转入预算内进行支出,致使本来有较大自由支配权的预算外收支关联系数不及预算内,这一点在增量上的反映也十分明显。

---

① 1996年7月,国务院颁布《关于加强预算外资金管理的规定》,明确规定预算外资金是国家财政性资金,要求参照预算内资金管理模式,建立预算外资金预决算制度,并进一步明确了财政部门是预算外资金管理的职能部门。2010年6月,财政部制发《关于将按预算外资金管理的收入纳入预算管理的通知》,规定自2011年1月1日起,中央各部门各单位的全部预算外收入纳入预算管理,收入全额上缴国库,支出通过公共财政预算或政府性基金预算安排。地方各级财政部门要按照国务院规定,自2011年1月1日起将全部预算外收支纳入预算管理。相应修订《政府收支分类科目》,取消全部预算外收支科目。

表 3 - 9 预算外财政激励（1995～2010 年）

被解释变量	预算外财政支出			
预算外财政收入	0.93 *** (0.006)	0.92 *** (0.007)	0.795 *** (0.042)	0.79 (0.043)
人口		0.001 ** (0.000)		0.007 * (0.004)
R^2	0.9656	0.9656	0.7666	0.7679
Hausman 检验	0.9441	0.9956		
组	31	31	31	31
观察值	493	493	462	462
备注	RE	RE	FD	FD

注：*** 、** 、* 表示在 1%、5%、10% 的显著性水平上显著。

预算内外的交叉变化。一般而言，即使对地方预算外财政实际控制程度较低，中央政府仍有可能根据事后观测到的相关信息，调整双方在预算内分配关系。比如当地方预算外规模膨胀时，中央可相应提升自身在预算内的分配比重，从而削弱财政体制总体的激励效果。但很明显，中国并未出现类似情况。表 3 - 10 的结果说明，伴随着纵向收入集权和转移支付规模的增长，这种预算内外交叉变化并没有改变财政体制整体的激励效应，在预算外收入增加的前提下，净财政收入增加的幅度更大。

表 3 - 10 预算内外的财政激励（1995～2010 年）

被解释变量	净财政收入			
预算外财政收入	3.58 *** (0.20)	3.39 *** (0.242)	0.066 (0.266)	0.011 (0.289)
人口		0.02 (0.016)		0.09 (0.064)
R^2	0.8295	0.9656	0.3289	0.3307
Hausman 检验	0.3788	0.3788		
组	31	31	31	31
观察值	494	494	463	462
备注	RE	RE	FD	FD

注：*** 、** 、* 表示在 1%、5%、10% 的显著性水平上显著。

3.3.2　转移支付条件下地方财政支出结构的变化

通过前面分析可知，即使表现出收入集权特征，分税制财政体制对地方政府依然具有显著的激励效果，具有财政再分配意义的转移支付目前也并未从根本上扭转这种激励。从预算内外考察，中国财政体制的整体激励特征自 1994 年至今并未发生本质改变；也就是说，使地方财政支出结构呈现"重经济建设、轻人力资本与公共服务"偏向的财政体制因素依然存在。而由于财政均等化带来的再分配，地方财政支出结构近年来出现了新的变化趋势。

如表 3 - 11 中数据所示，在 2007～2012 年间东、中、西部省份的各项财政支出中，基本政府职能支出增速相对缓慢，比重持续降低；经济建设性支出增速最大，比重显著提升；社会福利性支出的增长介于二者之间，但比重上仅有微小变动。截至 2012 年，东、中、西部地区在基本政府职能支出比重上已基本持平。经济建设性支出比重方面，西部省份最高，东部次之，中部最低；社会福利性支出比重方面，中部最高，东部次之，西部最低。

表 3 - 11　　　　地方公共财政支出结构的分地区比较（2007～2012 年）

支出分类	指标名称	地区	2007 年	2008 年	2009 年	2010 年	2011 年	2012 年
基本政府职能支出	人均值（元）	东部地区	917.5	1079.3	1165.8	1305.6	1475.1	1633.8
		中部地区	631.9	772.1	872.1	966.8	1108.8	1279.0
		西部地区	765.6	921.6	1080.9	1189.9	1405.7	1654.1
	环比增长率（%）	东部地区	—	17.6	8.0	12.0	13.0	10.8
		中部地区	—	22.2	13.0	10.9	14.7	15.4
		西部地区	—	20.4	17.3	10.1	18.1	17.7
	占财政支出比重（%）	东部地区	25.4	24.6	22.7	21.5	19.9	19.6
		中部地区	27.8	26.6	24.0	21.7	19.5	19.3
		西部地区	28.2	24.5	22.4	20.1	18.6	18.7

续表

支出分类	指标名称	地区	2007 年	2008 年	2009 年	2010 年	2011 年	2012 年
经济建设支出	人均值（元）	东部地区	1392.5	1704.6	2145.4	2636.0	3279.4	3552.7
		中部地区	717.3	920.8	1281.5	1737.4	2317.5	2641.3
		西部地区	903.8	1428.1	1927.5	2594.2	3405.0	3878.6
	环比增长率（%）	东部地区	—	22.4	25.9	22.9	24.4	8.3
		中部地区	—	28.4	39.2	35.6	33.4	14.0
		西部地区	—	58.0	35.0	34.6	31.3	13.9
	占财政支出比重（%）	东部地区	38.5	38.9	41.8	43.5	44.2	42.6
		中部地区	31.5	31.7	35.2	39.0	40.8	39.9
		西部地区	33.3	37.9	39.9	43.7	45.0	43.7
社会福利支出	人均值（元）	东部地区	1304.6	1594.7	1826.7	2122.7	2668.2	3155.7
		中部地区	926.1	1209.8	1486.6	1748.6	2259.1	2704.5
		西部地区	1044.3	1419.4	1823.0	2146.5	2752.9	3336.1
	环比增长率（%）	东部地区	—	22.2	14.5	16.2	25.7	18.3
		中部地区	—	30.6	22.9	17.6	29.2	19.7
		西部地区	—	35.9	28.4	17.7	28.2	21.2
	占财政支出比重（%）	东部地区	36.1	36.4	35.6	35.0	35.9	37.8
		中部地区	40.7	41.7	40.8	39.3	39.7	40.8
		西部地区	38.5	37.7	37.7	36.2	36.4	37.6

资料来源：笔者根据 Wind 资讯金融数据库中相关原始数据按照 OECD 分类方法计算得到。

具体而言，东部省份各项人均财政支出增速放缓，在基本政府职能支出比重逐年降低的同时，经济建设性支出和社会福利性支出比重有所上升，但前者增幅更大。得到转移支付资金最多的西部省份在三项类别的人均支出上均已反超东部省份，其结构比重变化趋势与东部省份类似，但变动幅度更为显著，其中经济建设性支出比重由 2007 年的 33.3% 增加到 2012 年的43.7%，基本政府职能支出和社会福利性支出则分别由 28.2% 和 38.5% 下降到 18.7% 和 37.6%。财力最弱的中部省份维持了最高的社会福利性支出比重，但依然无法改变一个基本事实——考察期内，中部省份基本政府职能支出比重减少的 9.5 个百分点几乎全部转化为经济建设性支出。

由上述数据分析初步观察到的现象是，均等化实施后的 6 年间，作为财政资金净流出地区，经济相对发达的东部省份在人均意义上的财政优势地位已经被西部省份所取代，但其经济建设性支出比重依然处于上升态势。对财力最弱的中部省份而言，"吃饭财政"的困境得到一定程度的缓解，社会福利性支持比重也高于经济建设性支出比重，但和西部省份的差距日益扩大。受益于国家政策倾斜，西部地区的人均财政支出水平显著提升，但其财政支出结构的变化方向无疑在相当大的程度上偏离了转移支付制度目标。

总体来看，中国当前的制度结构体系，尤其是1994年以来的分税制财政体制无法满足以转移支付促进基本公共服务均等化所需的制度环境要求——完善的公共财政体制以及规范的财政分权。根本原因是在渐进的改革过程中，现实的财政体制运行格局偏离了"分事""分税""分管"意义上的分税制。

首先，由于财权和事权划分未明，事权过于向地方倾斜，财权则层层集中，政府间纵向财政失衡日益严重。分税制财政体制的核心原则"财权与事权相匹配"逐步演变为"财力与支出责任相匹配"，即从"两权匹配"倒退至"两钱匹配"（高培勇，2014）。其次，1994年改革以及后续政策调整的注意力一直放在中央税和中央地方共享税的建设上，尽管以大规模转移支付对地方进行财力补偿，但转移支付使地方政府所获得的多为财力，而非财权。中央政府仍然集中掌握税收立法、税种增减、税率调整等权力，地方政府并不具有增加财力的权力，地方税体系弱化、地方财政自主性下降的趋势无法改善。最后，鉴于"分事""分税"方面的局限，分税制财政体制的另一基石——分级财政管理也从未真正实现。长期以来，财政领域所谓的分权更多地属于行政放权，意味着中央（上级）政府可以凭借政治权威随时进行变更和调整，地方（下级）政府往往处于受支配的地位，既得利益和预期利益都具有不确定性，从而出现对预算外、体制外收入的高度依赖等机会主义行为（孙德超，2012）。政府间财政关系有向委托—代理关系演变的迹象，目前一是依托中央政治权威，二靠中央集中财权，从政治和财力两个方面维系这一体制正常运转（王振宇，2014）。很显然，这样一个走了样的"分税制"财政体制对基本公共服务均等化所形成的负面激励是单一的转移支付手段无法逆转的。

第4章

转移支付促进区域基本公共服务均等化的实现程度测算

在分析转移支付促进基本公共服务均等化的实现机制，以及中国实施均等化战略的体制背景和制度安排后，需要回答的问题是该机制在中国的运行效果如何。按照第2章的观点，评价转移支付促进基本公共服务均等化应该包含政府提供公共服务的财政能力均等化，以及政府间提供公共服务结果的均等化两个层次。同时，由地方财政能力均等化所代表的机会公平，是否向公共服务水平均等化所代表的结果公平转化，也应该成为评价转移支付制度目标实现程度的重要标准。因为随着横向财政均衡的逐步实现，基本公共服务领域理应出现相应的均等化趋势；政策的出发点是通过转移支付的实施，改善中国式分权背景下公共服务供给不足与不公并存的状况，均衡地区间的财政能力只是手段，最终要落实到公共服务提供、消费和受益的大致均衡上来。

基于以上目的，本章的研究工作将从以下几个方面展开：4.1节着重考察了中国区域财政能力均等化的实现程度及转移支付的均等化效应。区别于以往研究，引入了支出成本视角，将其与未考虑支出成本因素时的财力差异进行对比分析。4.2节在六类基本公共服务中选取了21项指标构建指标体系，并以熵值法对各项指标进行客观赋权，旨在评价各省基本公共服务的提供水平和省际均等化程度。在完成上述工作后，4.3节集中关注的问题是：中国自2005年实施至今的均等化政策是否推动了由条件均等向结果均等的转化，财政能力均等化与基本公共服务均等化的变化趋势是否一致，前者对后者影响如何。4.4 节总结本章研究结论。

4.1 我国区域财政能力均等化水平度量

4.1.1 支出成本差异视角的引入

在考虑支出成本差异之前，首先需要讨论支出需求的概念。支出需求的概念源于市场机制在提供公共品方面的失灵，以说明公共品的实际提供水平与社会最优水平之间的差距。从理论角度看，任何为提供社会最优水平的公共品而产生的必要公共支出都可被视为支出需求。作为地区间财政再分配的基础，支出需求应该是一个客观性概念，但信息与财政资源的稀缺难以明确和满足社会最优的公共品提供水平。因此，所有对公共支出需求的界定都包含了一定程度的主观价值判断，以确定哪些公共需求得以优先满足，通过何种方式满足以及何种程度是合意的。同时，地区间的财政公平与社会福利水平最大化的目标会产生一定的冲突，后者要求条件不同的个体在财政上得到不同的对待（Boadway，2004）。所以，支出需求必须是一种社会共识。首先，这种共识的实现程度与公共需求的层次有关。一般而言，针对越基本的公共需求，社会越容易达成一致，越容易认定此支出需求。其次，某项公共需求得以满足的原因与社会公平、公正的理念结合得越紧密，社会针对此需求形成的共识也越稳定（Eichhorst，2007）。由于不存在绝对客观的支出需求，均等化制度设计中考虑的是地区间的相对支出需求，在进行均等化转移支付资金分配时，需要比较不同地区间政府的财政收入能力和面临的支出需求，由此决定地区间政府财政能力的相对强弱。

支出需求的具体含义可表述为：在各地社会和经济环境条件下为提供标准化公共服务所必需的财政资源（Duncan and Smith，1996）。它主要由两个方面的因素决定：一是影响财政支出的需求因素；二是影响单位价格的成本因素。所以，引起支出需求差异的原因也可以归结为两个：一是某些地区的地方政府提供的公共服务范围更广泛，面临的需求高于其他地区；二是提供特定公共服务需要的最小金额或者公共服务的提供标准可能会存在政府间差异，即提供一项公共服务的成本可能存在地区间差别（Reschovsky，2007）。支出需求和公共服务提供成本在概念上的确存在一定的重合，但与前者的客观性相比，公共服务提供成本差异可能由地方政府的偏好、策略性或非效率行为导致。均等化提供成本的做法可能会扭曲公共服务价格，引发效率损失，因而很少得到理论支持和实践推广。遵循理论逻辑，均等化旨在消除的仅包含部分固有的成本差异，即由客观因素造成的成本差异。

作为地区间支出需求差异显著的大国，中国在均等化制度设计中必须认识到，仅仅均衡地区间政府财政收入能力是不够的；忽略支出需求差异不仅与均等化理念相背离，也势必限制转移支付的横向均衡效果。受具体国情和发展阶段所限，中国难以均等化地方政府面临的公共服务需求差异，只能在弥补公共服务的单位成本差异上努力，尤其是那些由于自然、经济和社会因素所产生的客观差异。所以，本书在评价中国地区间财政能力非均衡程度时，也将着重考虑单位成本差异带来的影响。

4.1.2　区域财政能力均等化水平的度量

1. 评价标准的确定

要在财政能力差距度量中剔除支出成本差异的影响，最直接的方法就是计算成本差异系数。近年来，财政部（2011）公布了部分公共服务类别的成本差异影响因素及系数算法，但并未给出具体的计算结果。伏润民（2010）从自然条件、经济条件和社会条件三方面构建了公共事业发展成本差异评价指标体系，计算得出了各省的公共支出成本系数。曾红颖（2012）则在研究中选择了包括人口结构等在内的17项影响因素，定量分析了上述因素对当地支出成本和收入能力的影响。为与现行财政体制对接，本书主要参考中国现行的转移支付分配办法来进行推算。

在转移支付分配过程中，与支出需求相对应的量化指标是标准财政支出，即在同等的支出效率前提下，地方政府达到公共服务的全国均等水平所需的支出，是地方所承担的各项公共服务的标准财政支出之和，在数额上等于各项公共服务的单位成本、数量与成本调整系数的乘积之和。具体而言，单位数量代表某项公共服务中基本单位的数量或范围，而调整系数是指对各地区的地理环境因素造成的公共服务人口成本和其他成本差异所做的调整。参照胡德仁、刘亮（2010）的研究，现假设各地区提供公共服务所必需的最低成本就是其标准财政支出，则各省的公共支出成本差异可由标准财政支出差异来近似替代①。这样就能将公共支出成本差异从实际财政收入及财力差异中分离出来，更真实地反映各省潜在财政能力而非现实财力的差别。为此构建了财政收入指数和财力指数，作为度量省际财政差距的基准。其中：

$$人均财政收入指数 = 人均财政收入/人均公共支出成本 \quad (4-1)$$
$$人均财力指数 = 人均财力/人均公共支出成本 \quad (4-2)$$

这里的财政收入指各省一般预算内收入，财力是各省一般预算内收入与得到净转移支付的总和，即：

$$人均财力 = (各省一般预算内收入 + 中央对各省的补助收入 - 各省上$$
$$解中央支出)/各省人口规模 \quad (4-3)$$

以 2011 年为例，对各省的人均财力和人均财力指数进行计算和排序（见表 4-1）。结果显示中国地区间的财政差异在考虑支出成本前后都比较大。2011 年财力最高的西藏达到 25360.7 元/人；而最低的河南省只有4481.81 元/人，前者是后者的 5.66 倍。结合支出成本折算之后，财政能力水平最高的变成了上海市，人均财力指数值为 7.13；最低的是吉林省，仅为 2.89，前者是后者的 2.47 倍。其次，各省考虑公共支出成本后的人均财力指数排序与人均财力排序相比发生了较大变动。位次下降较为严重的省份有吉林、西藏、黑龙江、宁夏、新疆、甘肃和青海等，这些省份均属于人口密度较低、规模较小或地理气候条件较为恶劣的地区，其公共服务提供能力受支出成本影响更大。而位次发生显著提升的主要是广东、浙

---

① 这是因为不同于需求，成本调整系数中所考虑的客观因素多为面积、温度、地形等，随时间变化较小，所以，成本调整系数的数值在短期内也相对稳定。由于只有 2005 年财政部预算司测算的各地区标准财政支出的数据，本书借鉴了胡德仁、刘亮（2010）的处理方式，假设某地区当年的标准财政支出是在上一年的基础上递增 10%，从而推算出 2006~2011 年各地区的标准财政支出，作为各地区公共支出成本的依据。

江、山东、福建和江苏等东部省份，其人均财力指数（即财政能力）排序较其人均财力排序至少高 9 个位次以上，这些省份均属经济发达地区，人口密集、自然、经济及社会环境均相对优越，更容易产生规模效应。而在另一些人口密集、自然条件基础较好的中西部省份，如安徽、广西、四川和重庆等，也会因为物资丰富、气候适宜、物价水平较低而享有较低的公共支出成本，从而提升其公共服务的供给能力。也就是说，公共支出成本的引入确实能够改写基于现实财力判断的省际相对财政地位。

表 4 - 1　　　　省际人均财力和人均财政能力排序（2011 年）

地区	人均财力（元）	人均公共支出成本（元）	人均财力指数	人均财力排序	人均财力指数排序	位序变化
北京	17045.97	2706.05	6.30	2	3	-1
天津	13516.24	2740.23	4.93	5	7	-2
河北	4885.19	1543.60	3.16	30	28	2
山西	6531.73	1877.72	3.48	19	24	-5
内蒙古	11779.94	2570.06	4.58	6	9	-3
辽宁	9293.16	2224.62	4.18	9	12	-3
吉林	7842.81	2717.96	2.89	13	31	-18
黑龙江	7427.96	2540.90	2.92	15	30	-15
上海	16495.96	2312.62	7.13	4	1	3
江苏	7825.49	1422.42	5.50	14	5	9
浙江	7168.22	1132.30	6.33	16	2	14
安徽	5460.92	1521.59	3.59	27	21	6
福建	6134.17	1409.58	4.35	21	10	11
江西	5641.61	1613.67	3.50	25	23	2
山东	5302.32	1280.70	4.14	29	14	15
河南	4481.81	1461.59	3.07	31	29	2
湖北	5932.59	1786.36	3.32	23	27	-4
湖南	5399.55	1602.64	3.37	28	26	2
广东	6331.95	1156.53	5.47	20	4	16
广西	5464.33	1534.76	3.56	26	22	4
海南	8595.87	2041.05	4.21	11	11	0
重庆	8923.23	1656.43	5.39	10	6	4

续表

地区	人均财力 （元）	人均公共支出 成本（元）	人均财力 指数	人均财力 排序	人均财力 指数排序	位序 变化
四川	5839.60	1600.63	3.65	24	20	4
贵州	6628.76	1624.41	4.08	18	15	3
云南	6133.11	1616.36	3.79	22	19	3
西藏	25360.70	6513.25	3.89	1	18	-17
陕西	8249.59	1974.01	4.18	12	12	0
甘肃	6822.51	2004.47	3.40	17	25	-8
青海	16962.53	3447.90	4.92	3	8	-5
宁夏	10823.21	2670.71	4.05	7	16	-9
新疆	10046.00	2512.83	4.00	8	17	-9

资料来源：预算收入和净转移支付数据来源于《中国财政年鉴》中"各地区一般预算收支决算总表"；各省的人口规模数据来自《中国统计年鉴》。

2. 度量方法的确定

对地区间财政能力差距或不均等程度做出动态评价，需要选择合适的统计指标。在收入分配文献中，刻画差距或不均等程度的统计指标主要有基尼系数、变异系数与泰尔指数。其中泰尔指数能对不平等水平进行人口分组分解或子样本分解，从而表示为不同群组间差异贡献总和的形式（万广华，2008）。因此，该指数既能描述整体的均等化水平，也可以反映各省对财政非均衡程度的影响。本节选用各地区人口占总人口比重作为财政均等化依据，以人口加权泰尔指数度量地区间财政能力差距，计算公式为：

$$
\begin{aligned}
TI &= \frac{p_i}{\sum p_i} \sum_{i=1}^{n} \left(\frac{x_i}{\sum x_i p_i / \sum p_i} \right) \ln\left(\frac{x_i}{\sum x_i p_i / \sum p_i} \right) \\
&= \sum_{i=1}^{n} \left(\frac{x_i p_i}{\sum x_i p_i} \right) \ln\left(\frac{x_i p_i / p_i}{\sum x_i p_i / \sum p_i} \right) \\
&= \sum_{i=1}^{n} \left(\frac{x_i p_i}{\sum x_i p_i} \right) \ln\left(\frac{x_i p_i / \sum x_i p_i}{p_i / \sum p_i} \right) \\
&= \sum_{i=1}^{n} F_i \ln\left(\frac{F_i}{p_i} \right)
\end{aligned} \tag{4-4}
$$

这里 $n = 31$，$F_i = \dfrac{x_i p_i}{\sum x_i p_i}$。$x_i$ 表示各省财政收入（财力）占全国地方财政收入（财力）的比重，p_i 代表各省人口占总人口的比重，则 F_i 表示各省按人口加权后的财政收入（财力）比重，$F_i \ln\left(\dfrac{F_i}{p_i}\right)$ 为每一省份的泰尔指数贡献。从构建方式可以看出，人口加权泰尔指数反映的是财力资源分布偏离人口分布的程度，当二者相等时，TI 的值为 0，处于最为均等的状态；TI 等于 1 时则说明各省间财力分配最不均等。设人均财政收入的泰尔指数为 TI_{before}，人均财力的泰尔指数值为 TI_{after}，则转移支付的均等化效应应由 $(TI_{before} - TI_{after})/TI_{before}$ 计算得到。

4.1.3 度量结果分析

1. 地区间财政能力差距的总体情况

通过计算 2005～2011 年的 TI_{before} 与 TI_{after}，可以观察到我国在这一阶段内地区间财政差异水平的变化趋势，以及中央转移支付的均等化效应。表 4-2 显示，无论是否考虑公共成本差异，中国地区间财政差异在考察期内逐渐缩小的总体趋势不会改变，但对缩小幅度的判断却大相径庭。在不考虑支出成本的情况下，TI_{before} 从 2005 年的 0.2832 下降到 2011 年的 0.1667，

表 4-2　　　　地区间财政差异及转移支付均等化效应（2005～2011 年）

年份	调整支出成本差异后			调整支出成本差异前		
	TI_{before}	TI_{after}	转移支付的均等化效应	TI_{before}	TI_{after}	转移支付的均等化效应
2005	0.4910	0.3985	18.84%	0.2832	0.2117	25.24%
2006	0.4550	0.3535	22.31%	0.2563	0.1308	48.98%
2007	0.4570	0.3552	22.27%	0.2565	0.1051	59.04%
2008	0.4323	0.3440	20.43%	0.2354	0.0992	57.85%
2009	0.4125	0.3291	20.22%	0.2180	0.0866	60.27%
2010	0.3756	0.3304	12.03%	0.1849	0.0823	55.49%
2011	0.3588	0.3365	6.23%	0.1667	0.0666	60.05%

缩小幅度约为 40%；转移支付之后，TI_{after} 由 2005 年的 0.2117 迅速降至 2011 年的 0.0666，下降了约 70%。转移支付的均等化效应显著，由 2005 年的 25.24% 增至 2011 年的 60.05%。这与目前大多数文献的观点较为接近，研究普遍认为这是因为转移支付规模和结构的变化趋势与实现横向财政均衡的要求日趋一致。

但在考虑了公共支出成本以后，情况发生了变化。综合观察，考虑成本差异之后，省级财政差距明显增大。2005 年，TI_{before} 为 0.4910，经过转移支付后 TI_{after} 下降到 0.3985，缩小幅度为 18.84%；而到 2011 年，这一状况并未得到显著改善。尽管 TI_{before} 缩小到 0.3588，TI_{after} 却仍然维持在 0.3365，转移支付的均等化效应仅为 6.24%，与不考虑支出成本时的 60.05% 相去甚远。整个考察期内，TI_{before} 仅缩小了 27%，而 TI_{after} 降幅不足 16%。如果考虑支出成本，从均等化实施以来，省际财政能力差异的改善还不及初始财政收入差异自发调整的幅度大，由此也可推测近年来转移支付整体的均等化能力实际上在持续弱化。也就是说，由于对支出成本差异的忽略，财政再分配的积极影响在一定程度上被夸大了。

2. 考虑支出成本差异之后各地对财政能力差距的贡献情况

表 4 - 3 总结了 2005~2011 年各省（直辖市、自治区）之间人均财力指数的 TI 贡献值。当某地区的 TI 贡献值为正值，说明该地区拥有的财政资源比重大于其人口比重；当某地区的 TI 贡献值为负值，说明该地区拥有的财政资源比重低于其人口比重。从中观察可知，除了海南，东部省份的 TI 贡献值经历了一个持续下降的时期，尤以上海、北京和浙江下降最多。受到转移支付倾斜影响，中西部省份拥有的财政资源份额普遍上升。但中部地区拥有的财政资源和人口比重不匹配的局面依然存在，使西部地区的改善更为明显。在西部地区内部，改善最大的省份包括宁夏、内蒙古、重庆和四川。值得注意的是，除了内蒙古，其余三个省份在西部地区原本就享有较高的财政能力优势；而财政状况相对困难的广西和贵州，在考察期内的改善却十分微弱——这说明，当前的转移支付政策对区域间差距的控制取得了一定成效，但在区域内部却助长了"贫者益贫，富者益富"的马太效应。

表 4 - 3　　　　　　　　　调整支出成本差异后各地对财政能力差距的
TI 贡献度（2005 ~ 2011 年）

省（区、市）		2005 年	2006 年	2007 年	2008 年	2009 年	2010 年	2011 年	变化
东部	北京	0.0908	0.0857	0.0845	0.0811	0.0689	0.0622	0.0558	- 0.0350
	天津	0.0533	0.0523	0.0483	0.0462	0.0456	0.0483	0.0495	- 0.0038
	河北	- 0.0184	- 0.0184	- 0.0186	- 0.0188	- 0.0187	- 0.0193	- 0.0193	- 0.0009
	辽宁	0.0017	0.0005	0.0000	- 0.0002	- 0.0003	- 0.0004	- 0.0007	- 0.0025
	上海	0.1580	0.1228	0.1232	0.1037	0.0848	0.0738	0.0617	- 0.0962
	江苏	- 0.0136	- 0.0136	- 0.0135	- 0.0137	- 0.0137	- 0.0132	- 0.0141	- 0.0005
	浙江	0.0293	0.0252	0.0214	0.0177	0.0141	0.0122	0.0083	- 0.0210
	福建	0.0069	0.0073	0.0066	0.0057	0.0053	0.0054	0.0060	- 0.0008
	山东	- 0.0246	- 0.0244	- 0.0250	- 0.0253	- 0.0255	- 0.0257	- 0.0258	- 0.0013
	广东	- 0.0144	- 0.0174	- 0.0197	- 0.0218	- 0.0241	- 0.0248	- 0.0261	- 0.0117
	海南	0.0347	0.0326	0.0350	0.0446	0.0459	0.0525	0.0511	0.0165
中部	山西	0.0040	0.0097	0.0043	0.0040	0.0032	0.0010	- 0.0002	- 0.0042
	吉林	0.0037	0.0016	0.0021	0.0026	0.0027	0.0018	0.0016	- 0.0021
	黑龙江	- 0.0042	- 0.0047	- 0.0053	- 0.0049	- 0.0050	- 0.0058	- 0.0055	- 0.0013
	安徽	- 0.0163	- 0.0157	- 0.0155	- 0.0149	- 0.0143	- 0.0131	- 0.0132	0.0031
	江西	- 0.0079	- 0.0079	- 0.0077	- 0.0072	- 0.0066	- 0.0065	- 0.0060	0.0019
	河南	- 0.0262	- 0.0262	- 0.0260	- 0.0261	- 0.0261	- 0.0257	- 0.0255	0.0007
	湖北	- 0.0148	- 0.0139	- 0.0141	- 0.0140	- 0.0138	- 0.0139	- 0.0133	0.0015
	湖南	- 0.0167	- 0.0165	- 0.0165	- 0.0164	- 0.0163	- 0.0168	- 0.0166	0.0002
西部	内蒙古	- 0.0047	0.0157	0.0187	0.0192	0.0229	0.0216	0.0223	0.0270
	广西	- 0.0083	- 0.0085	- 0.0083	- 0.0081	- 0.0080	- 0.0067	- 0.0065	0.0017
	重庆	0.0347	0.0326	0.0350	0.0446	0.0459	0.0525	0.0511	0.0165
	四川	0.0106	0.0111	0.0120	0.0132	0.0131	0.0183	0.0262	0.0156
	贵州	- 0.0231	- 0.0228	- 0.0223	- 0.0218	- 0.0201	- 0.0202	- 0.0213	0.0018
	云南	- 0.0019	- 0.0022	- 0.0002	0.0006	0.0021	0.0020	0.0058	0.0077
	西藏	- 0.0048	- 0.0057	- 0.0053	- 0.0053	- 0.0045	- 0.0053	- 0.0050	- 0.0003
	陕西	0.0796	0.0655	0.0720	0.0722	0.0767	0.0721	0.0764	- 0.0032
	甘肃	- 0.0022	- 0.0024	- 0.0009	- 0.0005	0.0006	0.0001	0.0043	0.0065
	青海	0.0057	0.0052	0.0061	0.0115	0.0098	0.0089	0.0080	0.0023
	宁夏	0.0524	0.0495	0.0502	0.0550	0.0581	0.0761	0.0818	0.0294
	新疆	0.0540	0.0508	0.0548	0.0508	0.0566	0.0547	0.0578	0.0038

注：表中最后一列的"变化"值由 2011 年减去 2005 年的 *TI* 贡献度得到。

4.2 我国区域基本公共服务均等化水平度量

4.2.1 基本公共服务差距评价指标体系构建

构建区域基本公共服务水平综合评价指标体系，首先，需要确定评价的标准。已有文献主要利用三种方法度量公共服务。一是直接利用政府支出加以度量，这也是最常见的方法，如用教育经费投入来度量义务教育服务。这种方法虽能反映政府对公共服务的投入，却无法体现公共服务的质量特征。二是利用政府公共投入的产出来度量，如利用人均医疗床位数、师生比等来衡量公共医疗卫生和公共教育服务（张鸣鸣、夏杰长，2009）。这种方法能在一定程度上克服第一种方法的局限，兼顾地区间单位公共服务供给成本和地方政府财政行为的差异，更契合中国发展中大国与"分而治之"的实际国情。但这种方法仍然难以涵盖公共服务的结果和提供效率，而且对地方政府容易产生过度支出的负面激励。三是利用消费者最终获取的结果加以度量，如利用死亡率或寿命年限来度量公共医疗卫生服务，这种口径较为宽泛，但在评价的针对性上尚显不足，像居民寿命年限的变化就很有可能受到医疗卫生服务以外因素的影响。基于上述考虑，本书评价公共服务水平以产出法为主，综合考虑其结果和影响。

其次，需要确定评价的范围。综合考虑《国家基本公共服务体系"十二五"规划》中对基本公共服务范围的划分和数据的可得性，将现阶段地方政府提供基本公共服务的范围简化为公共教育、医疗保障、社会保障、城市基础设施、环境保护和农村公共卫生六个领域。

最后，评价指标的选择。在选取的基本公共服务领域内，综合考虑各项公共服务产出和结果，本书系统地构建了地区间基本公共服务差距评价指标体系，包含1个一级指标（基本公共服务差距指数）、1个二级指标（地区基本公共服务指数）和21个单项指标。在教育方面，我们选取了巴罗（Barro，1991）在跨国回归中推荐使用的文盲率和义务教育阶段生师比作为教育质量的度量。城市基础设施类项选择每万人拥有公共交通车辆和公共厕所、人均公共绿地面积和道路面积以及城市燃气普及率等;[1] 同时还参考了陈昌盛、蔡跃洲（2007）和安体富、任强（2008）的指标遴选办法，具体内容如表4－4所示。

表4－4　　　　　　　地区间基本公共服务差距评价指标体系

一级指标	二级指标	公共服务领域	序号 (X_j)	单项指标	指标与公共服务水平的关系
基本公共服务差距指数	地区基本公共服务指数	1. 义务教育	X_1	小学生师比（教师人数=1）	负相关
			X_2	初中生师比（教师人数=1）	负相关
			X_3	文盲率（%）	负相关
		2. 社会保障	X_4	城市居民家庭恩格尔系数	负相关
			X_5	农村居民家庭恩格尔系数	负相关
			X_6	城市最低生活保障平均标准（元/月）	正相关
		3. 医疗卫生	X_7	每万人拥有医生数（人）	正相关
			X_8	每千人拥有医疗机构床位数（个）	正相关
			X_9	每万人拥有卫生机构数（个）	正相关
		4. 城市公益基础设施	X_{10}	每万人拥有公共交通车辆（标台）	正相关
			X_{11}	城市燃气普及率（%）	正相关
			X_{12}	人均城市公共绿地（平方米）	正相关
			X_{13}	每万人拥有公共厕所（座）	正相关
			X_{14}	人均城市道路面积（平方米）	正相关
		5. 环境保护	X_{15}	工业废水排放达标率（%）	正相关
			X_{16}	工业固定废物综合利用率（%）	正相关
			X_{17}	城市生活垃圾无害化处理率（%）	正相关
		6. 农村公共卫生	X_{18}	农村粪便无害化处理率（%）	正相关
			X_{19}	已改水受益人口占农村人口比重（%）	正相关
			X_{20}	农村卫生厕所普及率（%）	正相关
			X_{21}	饮用自来水人口占农村人口比率（%）	正相关

资料来源：历年《中国统计年鉴》。

---

[1]　这些基础设施主要是服务于当地城镇居民而非资本，按公共经济学领域的通行做法，在此将它们作为公共服务类处理。

4.2.2 区域基本公共服务均等化水平的度量

根据地区间基本公共服务差距评价指标体系，本章采用省级面板数据在测算各地区各类别基本公共服务供给水平的基础上，合成了一个综合指标，即基本公共服务差距指数来反映均等化的实现程度。对该指数的计算可分解为以下步骤。

1. 原始指标的无量纲化

在表4-4所列的21项基本公共服务供给结果指标中，小学生师比、初中生师比、文盲率、城市居民家庭恩格尔系数、农村居民家庭恩格尔系数为逆指标，需要取倒数进行正向化处理；同时，采用相对离散值法对各指标进行无量纲化处理，以消除指标量纲差异对评价结果的影响，计算公式为：$r_{ij} = (x_{ij} - \bar{x}_j) / \bar{x}_j$。其中 r_{ij} 代表第 i 个省份第 j 项指标的评价值，x_{ij} 代表各单项指标的实际值，$\bar{x}_j$ 表示各省该指标实际值的平均水平。

2. 对各类指标的综合评价

在将原始指标无量纲化的基础上，需要选择适合的赋权方法将多个单项指标评价值合成为一个综合性的评价值。鉴于主观赋权和简单加权平均方法的固有缺陷，本章采用熵值客观赋权的方法（entropy method）。根据信息论的基本原理，某项评价指标的变异程度越大，其熵值就越小，包含的信息量也越大，在综合指标计算中应该占有更高的比重；反之就应该赋予较小的权重。这种赋权方法更具客观性和准确性，降低地方机会主义行为的可能性；更能反映差距变化的趋势。

在计算信息熵时需要对指标取对数值，但由于经过无量纲化处理后的数据中包含负值，因此本章先采用 S 曲线变换函数对数据进行正值化处理，其表达式为：$h_{ij} = 1 / (1 + e^{-r_{ij}})$。而第 j 个指标中地区 i 所占比重 $h_{ij} / \sum\limits_{i=1}^{n} h_{ij}$ 可以表示该地区对应的概率值 p_{ij}。根据系统熵的定义，第 j 个指标的熵值计算公式为：$e_j = -k \sum\limits_{j=1}^{n} p_{ij} \ln p_{ij}$。

其中 k[①] 为熵值系数。利用熵值计算结果，可进一步计算各项指标的权重 $w_j = (1-e_j)/\sum_{j=1}^{n}(1-e_j)$。最后，对各项正值化的指标值加权求和，得到各省的基本公共服务综合指数 $ps_i = \sum_{j=1}^{n} w_j h_{ij}$。按照相同的步骤，本章还计算了各单项公共服务指数（计算结果列于附表3-1~附表3-7）。

3. 计算区域基本公共服务差距

为统一计算口径，这里依然采用人口加权的泰尔指数来评价区域基本公共服务差距水平，计算方法和公式推导如下：

$$
\begin{aligned}
TI &= \frac{p_i}{\sum p_i} \sum_{i=1}^{n} \left(\frac{ps_i}{\sum ps_i p_i / \sum p_i} \right) \ln \left(\frac{ps_i}{\sum ps_i p_i / \sum p_i} \right) \\
&= \sum_{i=1}^{n} \frac{ps_i p_i}{\sum ps_i p_i} \ln \left(\frac{ps_i p_i}{\sum ps_i p_i} \right) \\
&= \sum_{i=1}^{n} \left(\frac{ps_i}{\sum ps_i} \right) \ln \left(\frac{ps_i / \sum ps_i}{p_i / \sum p_i} \right) \quad (4-5)
\end{aligned}
$$

此处 $n = 31$，ps_i 代表各省的基本公共服务供给水平，$\left(\frac{ps_i}{\sum ps_i} \right) \ln \left(\frac{ps_i / \sum ps_i}{p_i / \sum p_i} \right)$ 为每一省份的泰尔指数贡献，其中 $ps_i / \sum ps_i$ 表示公共服务水平的分布，$p_i / \sum p_i$ 代表各省人口占总人口的比重。从构建方式可以看出，人口加权泰尔指数反映的是公共服务水平分布偏离人口分布的程度，当二者相等时，TI 的值为0，处于最为均等的状态；TI 等于1时则说明各省间基本公共服务分配最不均等。类似的，本章还计算了各单项公共服务的泰尔指数值。

4.2.3 度量结果分析

1. 区域基本公共服务差距的总体水平

表4-5为各地区（分类）基本公共服务指数的 TI 值水平，即基本公

---

① 本章测算了31个省份，因而此处 $k = 1/\ln(31)$。

共服务差距指数。与 2005 年相比，2011 年基本公共服务差距指数由
0.3042 下降到了 0.2733，但仍然显著高于人均财力的差异程度（0.0666）。
这说明均等化战略实施以来，地区间公共服务水平非均衡状态的确得到一
定程度的缓解，但总体形势依然严峻。从具体公共服务纵向比较来看，各
项公共服务的差距指数均有降低，尤其是基础教育的地区差距指数从
0.3409 下降至 0.2936，降幅为 13.9%。横向比较来看，2011 年，医疗卫
生服务的地区差距程度最高（0.3228），其次是基础教育（0.2936），最低
的是环境保护（0.2376）。

表 4 – 5　　　（分类）基本公共服务差距指数的测算结果（2005～2011 年）

类别	2005 年	2006 年	2007 年	2008 年	2009 年	2010 年	2011 年
基本公共服务	0.3042	0.3103	0.2977	0.2906	0.2796	0.2793	0.2733
基础教育	0.3409	0.3493	0.3570	0.4083	0.3447	0.3143	0.2936
社会保障	0.3310	0.3239	0.3159	0.3116	0.2998	0.2938	0.2895
医疗卫生	0.3655	0.3567	0.3539	0.3567	0.3332	0.3184	0.3228
城市基础设施	0.3134	0.3703	0.3386	0.3114	0.3073	0.3092	0.2843
环境保护	0.2785	0.2824	0.2778	0.2522	0.2417	0.2372	0.2376
农村公共卫生	0.2877	0.2945	0.2788	0.2696	0.2628	0.2633	0.2554

如图 4 – 1 所示，在 2005～2011 年间，我国基本公共服务领域非均等
状况有所改善，但总体供给水平并无大的变化，这意味着均等化的推行并
没有对提升基本公共服务水平产生质的影响。在河北、辽宁、黑龙江、吉
林、安徽、湖南、广西、贵州、云南、青海和新疆等多个省份，基本公共
服务水平甚至出现了不同程度的下降。[①] 基本公共服务供给不公与不足的
状况难以同时得到缓解。

———————————

① 限于篇幅，本书将 2005～2011 年各地区基本（分类）公共服务水平的测算结果列入附录
2，详见附表 2 – 1～附表 2 – 7。

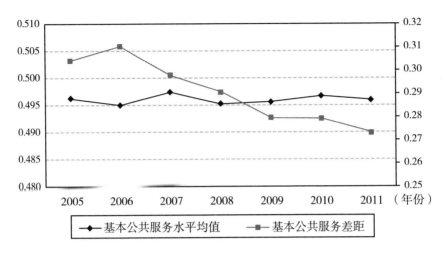

图 4-1　基本公共服务水平指数和基本公共服务差距指数（2005~2011 年）

2. 各地对基本公共服务差距的贡献情况

表 4-6 显示了 2005~2011 年东部、中部和西部三大区域的基本公共服务差距贡献情况。2005 年后，东部地区享有的基本公共服务比重已经明显低于其所占的人口比重。如 2011 年，东部地区人口总额占全国人口的 41.15%，享有的基本公共服务比重为 38.24%；东部地区对总体差距的贡献值也相应由 -0.0081 降至 -0.028。受多项政策倾斜影响，西部地区的情况得到显著改善。2005 年西部省份以 29.11% 的人口比重享有 36.66% 的公共服务；2011 年西部省份的人口比重进一步减少到 27.4%，基本公共服务比重则上升到 37.04%，对总体差距的贡献值也由 0.0845 略升至 0.1115，远大于东部地区。但这并不意味着西部地区的基本公共服务供给优于东部。事实上，东部地区 2011 年的基本公共服务水平不仅高于西部，也高于自身 2005 年的水平。虽然西部地区公共服务水平有所提高，但两个地区之间基本公共服务相对水平的变化更多的只是源于人口由西部向东部地区流动，而非绝对水平的逆转。相比之下，中部地区在三者之间处于最不利的地位。2005 年，中部地区的人口比重由 31.92% 下降到 31.45%，但享有的基本公共服务比重并未提升，而是由 25.19% 减少到 24.74%，所以它对公共服务差距的贡献度为负值，在考察期内同样呈现下降趋势。

表 4 - 6　　东、中、西部地区基本公共服务指数的 *TI* 贡献度（2005～2011 年）

		2005 年	2006 年	2007 年	2008 年	2009 年	2010 年	2011 年
东部	地区人口比重（%）	38.97	39.32	39.67	39.98	40.30	41.05	41.15
	基本公共服务分布（%）	38.15	39.26	39.13	39.28	39.09	38.42	38.24
	基本公共服务差距贡献	−0.0081	−0.0006	−0.0054	−0.0069	−0.0119	−0.0254	−0.0280
中部	地区人口比重（%）	31.92	31.80	31.67	31.64	31.60	31.53	31.45
	基本公共服务分布（%）	25.19	24.61	24.85	24.77	24.77	24.81	24.74
	基本公共服务差距贡献	−0.0596	−0.0631	−0.0603	−0.0606	−0.0603	−0.0595	−0.0594
西部	地区人口比重（%）	29.11	28.88	28.66	28.38	28.10	27.43	27.40
	基本公共服务分布（%）	36.66	36.14	36.02	35.95	36.14	36.76	37.03
	基本公共服务差距贡献	0.0845	0.0810	0.0823	0.0850	0.0909	0.1076	0.1115

　　进一步观察省级层面的情况，表 4 - 7 总结了 2005～2011 年各省（直辖市、自治区）之间公共服务指数的 *TI* 贡献值。东部地区内部，在基本公共服务方面优势较为明显的是北京、天津、上海三个直辖市和海南省。2011 年，这三市一省的人口只占东部总人口的 11.9%，但享有的基本公共服务资源却达到东部总量的 37.8%。而作为经济大省，山东和广东的基本公共服务资源与其人口比重并不匹配，且偏离程度远远高于其他省份。山西、吉林、黑龙江三个中部省份的 *TI* 贡献值自 2005 年以来都为正值，在基本公共服务资源分配上处于相对优势地位；安徽、江西、河南、湖南和湖北的情况则不容乐观，尤其是湖南省，其 2011 年的 *TI* 贡献值为 −0.0143，较 2005 年进一步下降了 0.0005，意味着公共服务水平与人口比重不相称的状况仍在加剧。西藏、青海、宁夏、新疆和内蒙古在西部地区的公共服务分配中优势最为明显，对区内公共服务差距的影响也最大，尤其是西藏、宁夏和财政待遇上等同于民族地区的青海。2005 年，三个地区的 *TI* 贡献值依次为 0.0663、0.0571 和 0.0720，2011 年则分别为 0.0706、0.0610 和 0.0623，远远高于其他省份。一方面三个地区的人口比重都很低，但更主要的是缘于中央政府基于政治考虑对民族地区大力的财政倾斜。从变化趋势看，在 2005～2011 年间 *TI* 贡献度增长最多的依次为西藏、陕西、宁夏和贵州；下降最多的则为青海、新疆和云南。

表 4 - 7　　　　各省基本公共服务综合指数的 *TI* 贡献度（2005~2011 年）

省（区、市）		2005 年	2006 年	2007 年	2008 年	2009 年	2010 年	2011 年	变化
东部省份	北京	0.0442	0.0484	0.0447	0.0476	0.0448	0.0396	0.0366	-0.0075
	天津	0.0574	0.0695	0.0608	0.0591	0.0557	0.0506	0.0482	-0.0092
	河北	-0.0156	-0.0161	-0.0162	-0.0164	-0.0159	-0.0164	-0.0166	-0.0010
	辽宁	0.0008	-0.0021	-0.0022	-0.0014	-0.0021	-0.0019	-0.0022	-0.0030
	上海	0.0328	0.0399	0.0377	0.0371	0.0335	0.0286	0.0267	-0.0061
	江苏	-0.0171	-0.0178	-0.0176	0.0176	-0.0178	-0.0181	-0.0178	-0.0007
	浙江	-0.0009	-0.0003	-0.0004	-0.0009	-0.0015	-0.0036	-0.0033	-0.0025
	福建	0.0082	0.0093	0.0081	0.0079	0.0094	0.0080	0.0081	0.0000
	山东	-0.0251	-0.0249	-0.0249	-0.0250	-0.0249	-0.0253	-0.0252	0.0000
	广东	-0.0253	-0.0259	-0.0258	-0.0264	-0.0271	-0.0282	-0.0283	-0.0030
	海南	0.0527	0.0552	0.0543	0.0528	0.0511	0.0523	0.0526	-0.0001
中部省份	山西	0.0055	0.0042	0.0045	0.0054	0.0059	0.0051	0.0046	-0.0009
	吉林	0.0147	0.0105	0.0118	0.0121	0.0109	0.0124	0.0112	-0.0034
	黑龙江	0.0047	0.0017	0.0021	0.0021	0.0014	0.0023	0.0011	-0.0036
	安徽	-0.0131	-0.0134	-0.0134	-0.0134	-0.0132	-0.0122	-0.0118	0.0014
	江西	-0.0027	-0.0024	-0.0018	-0.0019	-0.0018	-0.0020	-0.0011	0.0016
	河南	-0.0259	-0.0254	-0.0252	-0.0254	-0.0254	-0.0252	-0.0249	0.0010
	湖北	-0.0100	-0.0097	-0.0092	-0.0094	-0.0092	-0.0093	-0.0091	0.0009
	湖南	-0.0138	-0.0138	-0.0135	-0.0136	-0.0134	-0.0141	-0.0143	-0.0005
西部省份	内蒙古	0.0176	0.0141	0.0150	0.0146	0.0152	0.0158	0.0171	-0.0005
	广西	-0.0037	-0.0008	-0.0039	-0.0046	-0.0041	-0.0026	-0.0028	0.0009
	重庆	0.0116	0.0146	0.0142	0.0134	0.0129	0.0122	0.0131	0.0014
	四川	-0.0219	-0.0217	-0.0214	-0.0211	-0.0208	-0.0202	-0.0199	0.0019
	贵州	-0.0001	-0.0010	-0.0008	-0.0002	0.0009	0.0019	0.0024	0.0025
	云南	-0.0024	-0.0049	-0.0045	-0.0041	-0.0046	-0.0047	-0.0048	-0.0024
	西藏	0.0663	0.0704	0.0723	0.0665	0.0663	0.0713	0.0706	0.0044
	陕西	0.0006	0.0017	0.0018	0.0026	0.0037	0.0042	0.0050	0.0044
	甘肃	0.0118	0.0096	0.0109	0.0113	0.0112	0.0123	0.0140	0.0022
	青海	0.0720	0.0632	0.0615	0.0605	0.0606	0.0619	0.0623	-0.0097
	宁夏	0.0571	0.0581	0.0584	0.0590	0.0594	0.0622	0.0610	0.0039
	新疆	0.0238	0.0201	0.0203	0.0202	0.0183	0.0226	0.0206	-0.0032

注：表中最后一列的"变化"值由 2011 年减去 2005 年的 *TI* 贡献度得到。

4.3　地方财政能力均等化对基本公共服务均等化的影响

4.3.1　区域基本公共服务均等化的影响因素

前面对中国省际财政能力及基本公共服务领域差距的考察，为深入研究前者对后者的贡献和作用提供了必要的基础，但论及基本公共服务均等化的影响因素，现有文献的观点并不统一。首先，对基本公共服务的范围界定不同，自然就涉及不同的影响因素；即使一致，同一因素在不同的经济环境和发展阶段中也可能产生不同的作用，促进基本公共服务均等就必须综合考虑各种基础性因素——既包括来自公共服务自身，也包括来自外部宏观经济的影响，尤其是能对公共服务非均等产生共性影响的宏观经济与体制因素。

地区间的经济发展差距是基本公共服务差异形成的根本原因。首先它将影响地方政府的公共服务供给能力。发达地区的地方政府在筹集财政收入方面享有优势，财政收入自然高，在基本公共服务支出方面的投入量相对更多，不仅能够实现更为全面的公共服务覆盖，在提供的水平和质量上也更有保障；而经济发展水平低的地区，无论从财力水平还是财政自主性水平都较弱，公共服务供给能力相对较低也在预期之中。而且从政府供给偏好来看，欠发达地区往往更倾向于将有限的财力资源优先投入基础设施建设、交通和招商引资。另外，发达地区居民收入水平更高，公共服务需求层次相应提升，客观上有利于提高基础公共服务均等化水平。值得注意的是，由经济发展差距导致的公共服务水平差异可能存在显著的阶段性，当经济发展到一定程度，地方政府可能逐步淡化对经济增速的追求，更注重发展质量与转变自身职能，以改善公共服务为吸引投资和人口的基本手段，即公共服务差距与经济发展水平之间可能存在非线性关系。

在政府主导公共服务提供的中国，财政领域的非均衡是影响地区公共服务水平差异的直接原因。除了宏观经济环境引起的各地政府在自有财政收入能力方面的差异，更应该看到均等化背景下，由于大规模转移支付的存在，地方政府所面临的财力约束条件将发生改变，自有财政收入筹集能力对地方政府提供公共服务的影响力大大削弱。财政再分配后，地方可支配财力对公共服务供给的作用将更为直接。在其他条件一定的情况下，财力资源丰富的地方政府提供能力和意愿均领先于财力资源匮乏的地区。所以，公共服务差距与财力差距的变化方向应该趋于一致。同时，初步具备横向均衡功能的转移支付，其规模增长也应有利于基本公共服务均等化水平的提升。

此外，公共服务供给的不平衡可能源于地区间财力差异，也可能是地区间公共需求成本差异所致。财政支出相同的情况下，各地区提供的公共服务可能存在数量和质量上的差别。物价水平可以说是造成地区间公共服务成本差异最直接的因素，物价水平高的地区提供公共服务的成本也较高。其次是人口密度，在地广人稀的地区，基础设施的投入大、运行成本较高，同时各项公共服务所需反应时间较长，单位运营成本高，所以要提供与人口密集地区相同标准的公共服务，单位公共支出成本相应更高。地区间人口年龄结构的差异也不容忽视，比如老年人口比重对医疗卫生和社会保障的需求、学龄儿童对基础教育的需求等。以上客观因素的差别越大，越不利于基本公共服务领域的均衡。

财政资源的分配只是一方面，背后蕴含的体制影响更为关键。中国的财政体制一直被认为是"事实上的准联邦制"，其高度分权的特征也将作用于地方政府对公共服务的供给意愿，造成供给结果的差异。作为均等化的对立面，事权的分权程度越高，直观而言公共服务提供差异也将越大；财权的集中则应更有利于均等化。除了财政体制，与公共服务供给偏向密切相关的城乡二元社会结构，长期以来也被认为是基本公共服务供给不公的重要体制根源，以至于为数不少的研究认为推进新型城镇化的要领就在于实现基本公共服务均等化。

4.3.2 计量模型、指标选择与数据说明

综上，本章的回归模型设定为：

$$BPS_{it} = \alpha_0 + \alpha_1 FC_{it} + \alpha_2 NTR_{it} + \alpha_3 FDREV_{it} + \alpha_4 FDEXP_{it} + \beta X + \varepsilon_{it}$$

$$(4-6)$$

下标 i 和 t 分别代表地区 i 和第 t 年，α 代表各变量系数或系数矩阵，ε_{it} 表示残差项。

本章以基础教育（EDU）、医疗卫生（MED）、环境保护（ENV）、城市基础设施（INFRA）、社会保障（SOC）及农村公共卫生（RPH）等单项公共服务水平差距和总体基本公共服务水平差距（BPS）作为被解释变量。选择4.2节中测算得出的各省对基本（分类）公共服务水平泰尔指数的贡献值予以刻画，这使本章显著区别于以往的研究。由于全国公共服务差距指标是时间序列数据，无法满足面板回归的需要，所以绝大多数研究在探讨均等化问题时是以各省基本公共服务水平作为被解释变量的，这实际上是将公共服务的均等问题等同于提供问题，但提升各地公共服务的供给水平和促进整体的均等化程度显然是两个截然不同的议题。少数研究直接以各省基本公共服务水平的内部差距（基尼系数）作为因变量，这样既能实现面板回归又能集中于对均等问题的探讨（吕炜、刘国辉，2010）。不足之处在于依然无助于解释均等化在全国层面的情况，因为各省内部的差距之和并不等于全国整体的差距。因此本章采用各省对全国基本（各类）公共服务水平泰尔指数的贡献值作为因变量，满足面板数据结构及可加总求和的双重条件。通过回归能够清楚地解读哪些因素降低或增加了各省对全国公共服务差距的贡献，两种情况分别意味着影响均等化的积极因素和消极因素。

核心解释变量的选取和被解释变量相类似，采用各省对可支配财力泰尔指数的贡献值（FC_1）来反映财政非均衡状况。如果系数符号为正，说明地区财力差距贡献与基本公共服务差距贡献同向变化，即实施财政均等化能够促进公共服务均等化的实现，系数符号为负则相反。为验证支出成本因素的重要性，在回归中也考虑了涵盖支出成本因素在内的财力泰尔指数贡献值（FC_2）作为替代核心解释变量。

我们关注的解释变量还包括财政分权指标。对于该指标的选取和构造历来充满争议，无论是地方政府收支占全部政府收支比重，还是从地方自治概念出发的地方政府自有收入占其财政支出比重，各类方法不但存在严重的理论缺陷，关键是对中国的现实解释力不足（徐永胜，乔宝云，2012）。[1] 国内学者在这方面也提出各自见解。如采用地方政府边际或平均留存率来度量分权水平，可以观察财政收入的增加中有多大比重归地方政府所有，与财政激励的概念较为吻合。但该指标仅适用于 1994 年前财政承包的体制背景，1994 年之后国税和地税系统分立取代了中央与地方之间的财政分成，留存率指标也就无从谈起了。以分税制之后时期作为研究对象的文献更多地选择了中央地方财政收支相对比重的描述方式（傅勇、张晏，2007；贾俊雪等，2011）。简化起见，本章也根据后一种思路分别构造收入和支出水平的分权指标，其中收入分权指标（FDREV）= 某省人均预算内财政收入/（某省人均预算内财政收入 + 人均中央预算内财政收入），支出分权指标（FDEXP）= 某省人均预算内财政支出/（某省人均预算内财政支出 + 人均中央预算内财政支出）。其余控制变量还包括各地经济发展水平、转移支付、城镇化水平、物价水平、人口密度和年龄结构等，所有指标的选取、计算和数据来源可参见表 4 – 8。按照研究惯例，人均净转移支付、人均 GDP、物价水平和人口密度指标均取对数处理。回归的样本地区涵盖了全国 31 个省、自治区和直辖市，考察期限为 2005～2011 年。根据 Hausman 检验的结果，本章在回归时选择了固定效应模型（fixed effects model）。

表 4 – 8　　　　　　　　　　　　　　变量说明

变量分类	变量名称	变量代码	指标选择	指标单位
被解释变量	基本公共服务	BPS	各地区基本公共服务的泰尔指数贡献值	1
	基础教育	EDU	各地区基础教育的泰尔指数贡献值	1
	医疗卫生	MED	各地区医疗卫生的泰尔指数贡献值	1
	环境保护	ENV	各地区环境保护的泰尔指数贡献值	1
	城市基础设施	INFRA	各地区城市基础设施的泰尔指数贡献值	1
	社会保障	SOC	各地区社会保障的泰尔指数贡献值	1
	农村公共卫生	RPH	各地区农村公共卫生的泰尔指数贡献值	1

[1]　徐永胜和乔宝云（2012）将财政分权的衡量方式总结为四类：（1）收入水平的分权，分权的收入所占比重越大，财政分权的水平越高；（2）收入决定权（财权）的分权，如中央政府对税基、税率和征税的决定权越大，财政分权水平越低；（3）支出水平的分权，分权的支出所占比重越高，财政分权水平越高；（4）支出支配权的分权，如中央政府对支出（如专项转移支付）的支配权越大，财政分权的水平越低。按照（1）和（4）的标准，中国自 1994 年起呈现财政集权的趋势；如果按照（2）的标准，中国并不存在真正意义上的财政分权；第（3）条标准刻画的实际上是支出责任在中央和地方政府间的划分，也难以成为度量中国财政分权程度的贴切办法。

续表

变量分类	变量名称	变量代码	指标选择	指标单位
解释变量	财力水平差异	*FC*	各地区可支配财力的泰尔指数贡献值	1
	转移支付	*NTR*	各地区的人均净转移支付（中央对地方转移支付减去地方上解中央支出）	元/人
	财政分权	*FD*	收入分权指标（FDREV）＝某地区人均预算内财政收入/（某地区预算内财政收入＋人均中央预算内财政收入）；支出分权指标（FDEXP）＝某地区预算内财政支出/（某地区预算内财政支出＋人均中央预算内财政支出）	1
	经济发展水平	*GDP*	各地区人均 GDP 及其平方项	元/人
	城镇化水平	*URBAN*	各地区城镇人口占总人口比重	%
	物价水平	*PRICE*	各地区私人部门平均工资水平	元
	人口密度	*POP*	各地区总人口与总面积的比值	人/km²
	人口年龄结构	*DR*	各地区抚养比	%

注：表格中"财政因素"归类于"财力水平差异、转移支付、财政分权"三项，"宏观经济社会因素"归类于"经济发展水平、城镇化水平、物价水平、人口密度、人口年龄结构"五项。

资料来源：各地区基本（分类）公共服务水平和可支配财力的泰尔指数贡献值由笔者计算得出；净转移支付和财政分权指标计算所需基础数据来源于历年《中国财政年鉴》；其余控制变量数据均来自历年《中国统计年鉴》。

4.3.3　实证结果分析

回归中涉及指标的基本统计描述参见表 4 - 9。观察可知各变量尤其是被解释变量和核心解释变量均有较大程度的变异，且财力泰尔指数贡献值的波动超过基本（各项）公共服务泰尔指数贡献值。政策可控变量方面，人均净转移支付呈现较为明显的变异，这与其均衡地区间财力的分配目的密切相关；财政收入分权的均值水平低于支出分权，但分异程度大于支出分权。控制变量方面，经济发展水平、城镇化进程、物价水平与人口统计类指标的差别状况与中国幅员辽阔、地区差距显著的国情基本一致。

表 4 - 10 至表 4 - 12 给出了财政均等化与基本（各项）公共服务均等化程度的回归结果，其中表 4 - 10 反映了全国和地区层面财政差异贡献及其他因素对基本公共服务均等化进程的影响，表 4 - 11 和表 4 - 12 则主要针对各分类公共服务的相关情况。

表 4 - 9 变量统计描述

变量名称	观察值	均值	标准差	变异系数	最大值	最小值
BPS	217	0.0094	0.0276	2.94	0.0723	- 0.0283
EDU	217	0.0111	0.0322	2.90	0.1526	- 0.0287
MED	217	0.0111	0.0315	2.84	0.1194	- 0.0287
ENV	217	0.0083	0.0257	3.10	0.0717	- 0.0281
INFRA	217	0.0103	0.0309	3.00	0.1275	- 0.0286
SOC	217	0.01	0.0293	2.93	0.0953	- 0.0286
RPH	217	0.0088	0.0274	3.11	0.0927	- 0.0267
FC_1	217	0.0036	0.0192	5.33	0.0984	- 0.0257
FC_2	217	0.0113	0.0338	2.99	0.158	- 0.0262
NTR	217	2501.52	2771.27	1.11	23555.23	0
FDEXP	217	0.7996	0.0719	0.09	0.9533	0.6345
FDREV	217	0.4471	0.1462	0.31	0.8556	0.2485
GDP	217	26186.42	16364.03	0.62	83448.56	5376.46
URBAN	217	0.4849	0.1481	0.31	0.893	0.226
PRICE	217	28641.62	11215.03	0.39	79591	13524
POP	217	406.95	571.37	1.4	3667.2	2.3
DR	217	36.721	7.181	0.2	57.58	19.27

表 4 - 10 地方财政能力均等化与基本公共服务均等化：
全国与分地区回归结果

解释变量	全国		东部地区		中部地区		西部地区	
	(1)	(2)	(1)	(2)	(1)	(2)	(1)	(2)
FC_1	- 0.0485 (0.0495)		- 0.0829 (0.0868)		- 0.2221 ** (0.0671)		- 0.0812 (0.0683)	
FC_2		- 0.1129 ** (0.0418)		- 0.1502 ** (0.0630)		- 0.0376 (0.15)		- 0.15 *** (0.0318)
ln*NTR*	- 0.0003 ** (0.0001)	- 0.00003 (0.0002)	- 0.0042 (0.0046)	- 0.0042 (0.0034)	0.0009 (0.0026)	0.0005 (0.0024)	- 0.0004 * (0.0002)	- 0.00004 (0.0001)
FDEXP	- 0.0211 (0.0229)	- 0.0196 (0.0185)	- 0.0056 (0.028)	- 0.0134 (0.0242)	0.0111 (0.0196)	0.0074 (0.019)	- 0.0133 (0.0242)	- 0.0088 (0.0197)
FDREV	0.0211 ** (0.0078)	0.0281 *** (0.0073)	0.0022 (0.015)	0.0168 (0.014)	- 0.0116 ** (0.0045)	- 0.0024 (0.0094)	0.0166 (0.0101)	0.0275 ** (0.0104)
ln*GDP*	0.0537 * (0.0289)	0.0539 ** (0.0232)	0.1224 * (0.0588)	0.1505 ** (0.0516)	0.0026 (0.0021)	0.0017 (0.0033)	0.0274 (0.0082)	0.0006 (0.0044)

续表

解释 变量	全国		东部地区		中部地区		西部地区	
	(1)	(2)	(1)	(2)	(1)	(2)	(1)	(2)
$(\ln GDP)^2$	−0.0027* (0.001)	−0.0026** (0.001)	−0.0059* (0.003)	−0.007** (0.0025)				
URBAN	0.0320*** (0.009)	0.0352*** (0.0082)	0.0698* (0.0352)	0.074** (0.0299)	0.0178 (0.0137)	0.023 (0.0137)	0.0274*** (0.0082)	0.0258** (0.0115)
$\ln PRICE$	5.42E−06 (0.0021)	−0.0027 (0.0018)	−0.0006 (0.0051)	−0.0071 (0.0045)	−0.006 (0.0029)	−0.0059 (0.0049)	−0.0017 (0.0039)	−0.0032 (0.0043)
POP	−0.0001*** (5.11E−06)	−0.00002*** (5.98E−06)	−8.61e−06** (2.96e−06)	−0.00001** (4.24e−06)	−0.0001*** (0.00002)	−0.00004* (0.00003)	−0.0001** (0.0001)	−0.0001 (0.0001)
DR	0.0001 (0.0001)	0.00009 (0.00007)	0.0004** (0.0002)	0.0003** (0.0001)	−0.0001*** (0.00003)	−0.0001 (0.00008)	−0.0002* (0.0001)	−0.0002 (0.0001)
观察值	216	216	77	77	55	55	84	84
R²	0.3877	0.4226	0.6236	0.6474	0.5579	0.2481	0.1833	0.2448
F 检验	0.0000	0.0000	0.0000	0.0000	0.0000	0.0000	0.0000	0.0000
Hausman	0.0000	0.0000	0.0000	0.0000	0.0000	0.0000	0.0000	0.0000
拐点值	12581.72	31888.48	31888.48	46630.03				

注：***、**、*分别表示在1%、5%、10%的显著性水平上显著，括号中为聚类稳健标准误；F检验和Hausman检验的结果以P值形式汇报。

表4−11 地方财政能力均等化与各类公共服务均等化：回归结果（一）

解释变量	基础教育		医疗卫生		环境保护	
	(1)	(2)	(1)	(2)	(1)	(2)
FC_1	0.1278 (0.1196)		−0.0236 (0.029)		0.053 (0.038)	
FC_2		0.0163 (0.1939)		−0.0697 (0.091)		−0.145** (0.057)
$\ln NTR$	0.0004 (0.0003)	0.0005 (0.0005)	0.00002 (0.0002)	0.0002 (0.0003)	0.0004** (0.0001)	0.0007*** (0.0002)
FDEXP	0.0809* (0.0436)	0.1021* (0.051)	−0.0245 (0.0265)	−0.0233 (0.027)	−0.031 (0.037)	−0.0242 (0.0338)
FDREV	−0.0293 (0.023)	−0.0262 (0.024)	0.0006 (0.012)	0.0054 (0.0108)	0.011 (0.015)	0.029** (0.0132)
$\ln GDP$	−0.0169 (0.0289)	−0.0175 (0.021)	0.074** (0.029)	0.075*** (0.0261)	0.066* (0.036)	0.086** (0.032)
$(\ln GDP)^2$			−0.003** (0.001)	−0.003*** (0.001)	−0.004** (0.002)	−0.0046*** (0.001)

续表

解释变量	基础教育		医疗卫生		环境保护	
	（1）	（2）	（1）	（2）	（1）	（2）
$URBAN$	−0.0845 **	−0.0943 **	0.0167	0.0188	0.083 **	0.089 ***
	（0.039）	（0.037）	（0.034）	（0.035）	（0.032）	（0.03）
$\ln PRICE$	0.0129	−0.011	−0.0095	−0.0113	0.004	−0.0011
	（0.021）	（0.022）	（0.0067）	（0.007）	（0.007）	（0.008）
POP	−2.91E−06	−7.23E−06	−7.22E−06	−0.00001	−9.15E−06	−0.00001
	（0.00001）	（0.00002）	（4.93E−06）	（5.15E−06）	（7.75F−06）	（0.00001）
DR	−0.0003	−0.0003	0.0001	0.0001	0.0001	0.0001
	（0.0004）	（0.0004）	（0.0001）	（0.0001）	（0.0002）	（0.0001）
观察值	216	216	216	216	216	216
R^2	0.07	0.06	0.2029	0.2104	0.3095	0.3397
F 检验	0.0246	0.0239	0.2199	0.1247	0.0002	0.0000
Hausman	0.0000	0.0000	0.0000	0.0000	0.0000	0.0000
拐点值			226386.73	268337.29	3827.63	11498.82

注：***、**、*分别表示在1%、5%、10%的显著性水平上显著，括号中为聚类稳健标准误；F检验和Hausman检验的结果以P值形式汇报；限于篇幅，结果中不汇报常数项系数。

表4−12　地方财政能力均等化与各类公共服务均等化：回归结果（二）

解释变量	社会保障		城市基础设施		农村公共卫生	
	（1）	（2）	（1）	（2）	（1）	（2）
FC_1	0.0172		0.0303		−0.1277	
	（0.0258）		（0.0822）		（0.0923）	
FC_2		−0.033		−0.0923		−0.1264 **
		（0.0527）		（0.0973）		（0.0614）
$\ln NTR$	0.0003 ***	0.0004 **	−0.0001	0.0002	−0.0006 ***	−0.0004
	（0.0001）	（0.0002）	（0.0003）	（0.0002）	（0.0002）	（0.0003）
$FDEXP$	0.0295	0.0352 *	−0.0413	−0.037	0.0101	−0.0022
	（0.0229）	（0.0186）	（0.0583）	（0.054）	（0.0314）	（0.0213）
$FDREV$	0.0106	0.0138	0.0031	0.014	0.0296 ***	0.0352 ***
	（0.0078）	（0.0102）	（0.0175）	（0.018）	（0.009）	（0.0101）
$\ln GDP$	−0.004	0.054 **	0.065 *	0.077 *	−0.0065	−0.0046
	（0.0037）	（0.0232）	（0.033）	（0.039）	（0.0069）	（0.0059）
$(\ln GDP)^2$			−0.0034 **	−0.004 *		
			（0.002）	（0.002）		

续表

解释变量	社会保障		城市基础设施		农村公共卫生	
	（1）	（2）	（1）	（2）	（1）	（2）
$URBAN$	0.0212 （0.009）	0.0199 （0.0215）	0.1259 （0.0781）	0.129 （0.079）	0.0185 （0.0182）	0.0284 （0.0182）
$\ln PRICE$	−0.001 （0.003）	−0.0024 （0.0032）	−0.0043 （0.0077）	−0.0075 （0.0069）	0.0041 （0.0042）	0.0025 （0.0042）
POP	−9.34E−06 （5.61E−06）	−0.00001 （7.33E−06）	−5.92E−06 （4.54E−06）	−0.00001 （8.54E−06）	−0.00002 *** （7.51E−06）	−0.00003 （5.58E−06）
DR	0.0003 ** （0.0001）	0.0003 ** （0.0001）	−0.0001 （0.0001）	−0.0001 （0.0001）	0.0001 （0.0001）	0.00007 （0.0001）
观察值	216	216	216	216	216	216
R^2	0.4215	0.4226	0.2123	0.2205	0.1616	0.1474
F 检验	0.0000	0.0000	0.0000	0.0000	0.0000	0.0000
Hausman	0.0000	0.0000	0.0000	0.0000	0.0000	0.0000
拐点值			14185.85	15214.44		

注：*** 、** 、* 分别表示在1%、5%、10%的显著性水平上显著，括号中为聚类稳健标准误；F 检验和 Hausman 检验的结果以 P 值形式汇报；限于篇幅，结果中不汇报常数项系数。

各表中，模型（1）以未考虑支出成本因素的财力差距作为核心解释变量，模型（2）中的财力差距指标则已经过支出成本因素的调整。针对主要解释变量给出以下基本结论。

（1）总体而言，财政能力均等化并未对基本公共服务均等化产生促进作用。由于具体系数值大小的经济含义有限，我们重点关注的是系数符号。在相当比重的回归结果中，财力差异贡献的系数显著为负，说明通过财政再分配，如果某地区对总体财力差距的贡献下降，其对基本公共服务提供结果差距的贡献反而会上升，即财政差距的变化趋势与基本公共服务相反。在纳入公共支出成本因素后，这种负向影响在全国和地区层面都更为突出。在各单项公共服务中，如果不考虑支出成本因素，财政均等化有利于基础教育、城市基础设施、环境保护和社会保障领域的趋同，但这种促进作用未能得到显著性水平的支持；考虑了支出成本因素后，财政均等化甚至会加剧环境保护和农村公共卫生领域的非均衡状态。

（2）如果不考虑支出成本，人均净转移支付（NTR）能够显著减少全国，尤其是西部省份的基本公共服务差距贡献。平均而言，地方得到的人均净转移支付每增加 1%，基本公共服务差距（泰尔指数值）将下降 0.0003。可以代入实际指标数据进行比对，2011 年地方从中央获得的人均净转移支付额（3045.11 元）较 2010 年（2395.11 元）增加约 27.12%，按照回归系数，基本公共服务差距值将下降 0.0081，约占总体差距（0.2733）的 2.96%。假设政策目标是基本公共服务领域的完全均等（80%），即泰尔指数值为 0（0.054），在保持其他一切条件不变的情况下，人均净转移支付额的增长幅度应为 9.16 倍（7.33 倍）。从转移支付规模的变化路径来看，中国实现这一增长幅度的时间大约为 13 年（11 年）①。换言之，单纯依靠转移支付，在 2020 年实现基本公共服务领域均等的希望十分渺茫；即使可行，在当前复杂的宏观经济形势下，国家财政也难以为单一政策目标承受这种代价。而如果进一步考虑支出成本因素，转移支付对基本公共服务均等化的影响将不再显著。通过单项公共服务回归甚至可以看到，在环境保护和社会保障服务领域，得到转移支付资金越多的地区，对服务水平差距的贡献也越大。以上极端假设虽然会降低估计的准确性，但至少反映出中国的转移支付体系在促进基本公共服务均等化方面的效率仍有欠缺，难以充分实现政策预期。

（3）财政分权指标表明，支出分权（*FDEXP*）对均等化进程的影响并不显著，但在基础教育和社会保障领域，支出分权的上升和公共服务差距扩大正相关。收入分权（*FDREV*）对公共服务差异贡献也将产生正向作用，特别是对西部省份和环境保护与农村公共卫生领域。而在中部地区，收入对地方进一步分权却有利于降低各省对公共服务差异贡献的程度（不考虑支出成本因素）。实际的情况是，2005~2011 年，中国各省支出分权度的均值由 0.75 上升到 0.86，收入分权度的均值也从 0.44 增加到 0.48，可见无论是从哪个方面衡量，财政分权的变化的确与均等化目标有所抵触，从中也能说明均等化的集权本质，这与公共财政理论基本相符。

（4）通过回归我们还发现，在全国层面，经济发展水平与基本公共服

---

① 2011 年人均净转移支付额为 3045.11 元，除以 10.16 为 299.72 元；介于 1999 年的 270.09 元与 2000 年的 322.59 元之间。

务差距之间存在高度显著的倒"U"型曲线关系，拐点值对应的人均 GDP 水平为 31888.48 元。即人均 GDP 超过 31888.48 元的省份对公共服务差距的贡献将随着经济发展趋于下降，这将有利于实现基本公共服务领域的总体均衡。在东部地区，拐点值对应的人均 GDP 为 46630 元[①]。单项公共服务方面，医疗卫生、环境保护和城市基础设施也存在相似情况，但人均 GDP 的拐点值各有高低。从计算结果来看，当前经济发展水平距离医疗卫生领域的拐点值仍十分遥远，环境保护和城市基础设施方面则已经实现了经济发展和公共服务均等化之间的良性互动。但在社会保障领域，对应的系数符号为显著正，说明经济发展仍然会对缩小该项公共服务水平的差距带来沉重压力。

（5）城镇化进程的逆均等化影响不容忽视。结果显示，城镇化水平每上升 1 个百分点，全国的基本公共服务差距将扩大 0.035%，东部和西部地区则分别为 0.074% 和 0.026%。具体到各类公共服务，城镇化进程能够缩小基础教育的地区间差异，却无助于实现环境保护领域的均等。而对其他四类公共服务而言，城镇化对实现供给均等的作用并不显著。

（6）与预期不同，除人口密度对农村公共卫生均等化和人口抚养系数对社会保障均等化的微弱影响，我们并未在需求成本因素方面找到更多影响均等化的实证依据。这首先从侧面印证了中国基本公共服务领域的主导力量来自供给方，而政府的供给能力和意愿始终居于决定性地位；其次，作为集权性质的措施，供给结果的均等本身就意味着"整齐划一"，因而对公众需求的变化并不敏感也有一定的合理性。

4.4 小 结

本章采用 2005～2011 年 31 个省份的面板数据，从公共支出成本视角测算了中国地区间财政差距；并根据《国家基本公共服务体系"十二五"

---

① 以 2011 年数据为例，满足这一条件的省份有北京、天津、内蒙古、辽宁、吉林、黑龙江、上海、江苏、浙江、福建、山东、湖北、广东、重庆、陕西和宁夏。换言之，除了海南之外，所有东部省份的经济发展都将实现与全国基本公共服务均等化之间的良性循环。

规划》中有关基本公共服务范围的界定建立指标体系，通过客观赋权计算出各省基本公共服务水平得分，进而对中国基本公共服务领域的非均衡现状做出评价。最后实证检验均等化战略提出以来，横向财政均衡对基本公共服务均等的影响方向与程度。研究的主要结论可概括如下。

第一，自均等化战略提出后，中国地区间的财政差距逐步缩小。然而，考虑地区间公共支出成本差异，差距缩小的幅度以及转移支付的均等化效应并未如理论和政策预期那样显著。公共支出成本视角的引入，不仅改变了基于现实财力判断的省际财政地位排序，更凸显了地区间的潜在财政差距。不可否认，中央政府在控制地区间财政差距上的政策成效已经显现，但基于实际财力角度得到的评价结果会在一定程度上夸大转移支付的横向均衡功能。值得注意的是，虽然当前的转移支付政策对区域间差距的控制取得了一定成效，但在区域内部却助长了"贫者益贫，富者益富"的马太效应。

第二，2005~2011 年间中国基本公共服务领域的非均衡态势略有改善。东部省份对缩小差距的贡献最大，中部次之，西部省份则依然是差距产生的主要来源。另外，和转移支付及地方财政支出规模的迅速扩张不同，基本公共服务供给水平在考察期内表现基本平稳，西部省份的基本公共服务水平得到了一定的改善，中部省份却出现了一定程度的下降。中国在基本公共服务领域仍然未能摆脱缩小差距和提升供给之间难以两全的境地。

那么，地区间的财政能力均衡是否转化为公共服务提供的大致均等呢？这一问题并未得到本章实证结论的支持。当不考虑支出成本因素时，财政均等化对基本公共服务均等化的影响并不显著；纳入支出成本因素后发现，如果某地区对总体财力差距的贡献下降，该地区对基本公共服务差距的贡献反而会上升，且这种负向影响在全国和地区层面都能得到证明。在各单项公共服务中，如果不考虑支出成本因素，财政均等化有利于基础教育、城市基础设施、环境保护和社会保障领域的供给趋同，但遗憾的是，这种促进作用未能得到显著性水平的支持；考虑了支出成本因素后，地区财力的均衡甚至会加剧环境保护和农村公共卫生领域的非均衡状态。以上结论意味着在中国，通过缩小地区间财政差异的条件公平并未能顺利转化为基本公共服务提供的结果公平。原因难以尽述，但可以从转移支付的回归结果中找到部分依据。作为实现均等化最主要的工具手段，本章实证发现，在不考虑支出成本的情况下，来自中央的转移支付能够降低各省，尤其是西部省份对基本公共服务差距的贡献，但效率仍有欠缺。平均而言，地方得到的人均净转移支付每增加1%，基本公共服务差距将下降大约0.1%。按照这个速度，中国将很难在2020年前实现基本公共服务领域的均等。如进一步考虑支出成本因素，转移支付对基本公共服务均等化的影响将不再显著。通过单项公共服务回归甚至可以看到，在环境保护和社会保障服务领域，得到转移支付资金越多的地区，对公共服务差距的贡献也越大。

财政体制方面，财政分权在一定程度上与集权色彩的均等化目标有所抵触。其中，支出分权（FDEXP）对均等化进程的影响并不显著，但在基础教育和社会保障领域，支出分权的上升和公共服务差距扩大正相关；收入分权（FDREV）也将增加各省对公共服务差异的贡献，特别是在西部地区和环境保护与农村公共卫生领域。2005年至今，中国在财政收支方面的分权程度持续上升，一是目前的财政体制改革未能真正涉及中央和地方之间、尤其是省以下的事权划分，仍然存在支出责任层层下移的惯性；二是地方的财力虽然增加，但并没有自主财权客观上都将成为均等化实现的阻碍。

作为地区差距产生的本质原因，本章的实证分析还证实了在全国层面和东部地区，经济发展水平与基本公共服务差距之间存在高度显著的倒"U"形曲线关系。人均GDP超过31888.48元的省份对公共服务差距的贡献将随着经济发展将趋于下降，这将有利于实现基本公共服务领域的总体均衡。单项公共服务方面，医疗卫生、环境保护和城市基础设施也存在相似情况，但距离医疗卫生领域的拐点值仍十分遥远。而在社会保障领域，经济发展依然会对缩小公共服务差距带来沉重压力。

此外，城镇化进程具有显著的逆均等化效应。城镇化水平越高的地区对总体差距的贡献越大，这与公共服务供给的城市偏向密切相关。本章也并未在需求成本因素方面找到更多影响均等化的实证依据。这首先从侧面印证了中国基本公共服务领域的主导力量来自供给方，而政府的供给能力和意愿始终居于决定性地位；其次，作为集权性质的措施，供给结果的均等本身就意味着"整齐划一"，因而对公众需求的变化可能并不敏感。

第5章

地区间公共支出成本差异与
中央转移支付分配

5.1 引 言

实施财政均等化，目的在于消除由政府财政活动引致的、居住于不同地区的个人所享有的财政剩余或财政净收益的差异。在进行均等化转移支付资金分配时，需要对不同地区间政府的财政收入能力和面临的支出需求进行比较，由此决定地区间政府财政能力的相对强弱。关于如何准确界定和评价地方政府财政收入能力的问题，理论认识和实践方法都更为明确和成熟，支出需求则相对复杂得多。一方面，对后者的界定和评价，在理论上、方法上和实施过程中存在的争议和困难远远超过前者（Shah，2004）。另一方面，随着均等化实践的推进，忽视地区间支出需求的差异将成为制约转移支付均等化效应发挥的"瓶颈"，特别是在那些支出需求差异程度并不亚于财力差距的国家。

对中国的均衡性转移支付的均等化效果，学界研究多持肯定观点，认为要使地区间财政差距得到有效控制，关键在于转移支付结构调整。反映在政策操作上，凡是涉及转移支付的内容，无不提出要增加一般性，特别是均衡性转移支付的规模和比例。但事实上《中央对地方一般性转移支付办法》长期以来都缺乏明确的标准来测度地方财政收入能力和支出需求，"特别是没有建立起一套能够反映各地支出成本差异的指标体系"（楼继伟等，2006）。

以上观点与第 4 章的结论基本吻合。研究显示，从中国当前的均等化实践来看，中央转移支付体系在历经一系列规模结构调整后已初步具备横向均衡功能，其资金分配逐步向财政收入能力较弱的地区倾斜；基于现实财力角度，中国区域均等化水平显著上升。然而，一旦考虑地区间公共支出成本差异的影响，这一基本判断将发生改变。可见，公共支出成本差异是影响中国以转移支付促进区域基本公共服务均等化机制运行效果的重要因素；转移支付的分配机制如果不能有效地反映和调整这种差异，其均等化效果将大大受限。但究竟应该如何评价公共成本差异，至今学界未有一致观点。

早期曾有学者提出过计算成本差异系数的部分思路。马骏（1997）在构建转移支付公式时也考虑了食品价格、建筑材料价格和工资水平等支出成本差异因素。近年来，财政部公布了部分公共服务类别的成本差异影响因素及系数算法。胡德仁、刘亮（2010）借鉴财政部预算司的研究成果，将各地区人口规模、人口密度和物价水平纳入公共支出成本的影响因素范围，以度量中国地区间财政能力差异。伏润民（2010）从自然条件、经济条件、社会条件三方面构建了公共事业发展成本差异评价指标体系。曾红颖（2012）则在研究中选择了 17 项影响因素，定量分析了各项因素对当地支出成本和收入能力的影响。上述文献对公共服务提供成本差异虽有涉及，但针对性并不强，且多以理论分析为主，只有部分进行了实证。实证模型中只有伏润民和曾红颖的研究涉及相对完整的测算方法介绍，并对整个均等化标准体系及转移支付效果做出评价。但伏润民的研究选定因素指标的客观中立性不足，并没有将成本因素与特定公共服务内容有效结合，大大影响了结论的可操作性；而曾红颖的研究侧重于整个基本公共服务均等化标准体系的建立和测算，并非直接针对支出成本差异。

本章将集中探讨符合均等化目标原则的地方公共支出成本评价思路与方法，分析相关影响因素并建立相应的评价指标体系，进而对中国地区间公共支出成本差异进行评估；同时，检验中国的均等化转移支付分配机制是否与地区间公共支出成本差异模式相吻合。上述工作有助于从制度设计层面剖析中国以转移支付促进基本公共服务均等化的"瓶颈"所在。

5.2 评价公共支出成本差异的基本思路

5.2.1 调节地区间公共支出成本差异的基本原则

支出需求的概念源于市场机制在公共品提供方面的失灵，以说明公共品的实际提供水平与社会最优水平之间的差距。作为地区间财政再分配的基础，支出需求应该是一个客观性的概念，但信息与财政资源的稀缺难以明确和满足社会最优的公共品提供水平。因此，所有对公共支出需求的界定都包含了一定程度的主观价值判断，以确定哪些公共需求得以优先满足，通过何种方式满足以及何种程度是合意的。另外，地区间的财政公平与社会福利水平最大化的目标会产生一定的冲突，后者要求条件不同的个体在财政上得到不同的对待，所以支出需求必须是一种社会共识。由于不存在绝对客观的支出需求，均等化制度设计中考虑的是地区间相对支出需求。

鉴于目标是实现财政净收益的地区间公平，可以将支出需求定义为在各地社会和经济环境条件下为提供标准化公共服务所必需的财政资源，且主要由两个方面的因素决定：一个是影响财政支出的需求因素；另一个是影响单位价格的成本因素。依此也可以推导出支出需求差异的主要来源：一是某些地区的地方政府提供的公共服务范围更广泛，面临的需求高于其他地区；二是提供特定公共服务需要的最小金额或者公共服务的提供标准可能会存在政府间差异，即提供一项公共服务的成本可能存在地区间差别。

需要明确的是，支出需求和公共支出成本在概念上存在一定的重合，早期研究财政联邦主义的文献并未对两者进行严格区分。但和需求差异的客观性相比，公共支出成本差异可能由地方政府的偏好、策略性或非效率行为导致，这种前提下均等化提供成本可能扭曲公共服务价格，引发效率损失。即使面临固有的成本劣势，也应该权衡均等化带来的公平优势与潜在的效率成本孰轻孰重。因而，对均等化来说，旨在消除的仅是部分的固有提供成本差异，而非全部。

5.2.2　评估公共支出成本差异的方法与思路

在衡量公共服务水平时，通常面临三种衡量维度，分别是公共服务的投入、产出和结果。一般而言，从结果层面度量将更为贴近均等化目标，而评价公共服务的结果则涉及居民对公共服务产出的主观感受和满意程度，可表达为以下函数形式：

$$C = f_i(D, E) \qquad\qquad (5-1)$$

其中 C 代表公共服务的结果（效用），f_i 代表居民个人效用函数，D 表示公共服务实际产出水平，E 表示各地方辖区的社会环境变量。由于 C 无法直接测度，所以结果公平只能作为均等化的潜在目标。实际产出水平 D 是可观测的，但并非所有 D 都可以计算其单位成本，更重要的是，环境因素 E 在其中的作用无法确定。环境因素 E 不仅可以通过投入产出关系直接影响 D 的成本，还可以通过个人和社会的主观评价来影响 D 的有效性。为了规避产出标准的缺陷，传统做法是将全部公共支出视为公共服务投入，这种方法的前提假设是，地方公共支出的差异是由于支出需求差异所致，而且公共支出已经充分代表了支出需求。然而支出水平往往受到需求方因素（如地方偏好、收入）和供给方因素（如成本、效率）的共同影响，支出需求测度只应关注其中超出地方政府控制以外的因素。其次，历史财政收入与转移支付对支出的影响也必须被有效剥离；否则回归模型反映的不是需求成本因素，而是地方的财政能力与中央政府的转移支付政策。再次，采用回归法估计的支出需求可能超出了地方财政收入能力，并形成高支出水平的地区得到奖励而低支出水平的地区受到惩罚的负面激励。

综上所述，选择评估方法尽量避免采用支出数据。根据前面分析，环境因素 E 对公共服务的提供在客观的投入产出关系和居民主观评价过程中都将产生一定影响。若假定环境因素 E 的差异导致了同样的公共服务产出 D 在地区间的提供成本不一或产生的收益不同，则按照均等化原则，地区间的相对财政需求完全由环境因素 E 决定，均等化制度设计应尽可能地考虑各地在公共服务提供环境上的差异。

5.3 影响公共支出成本的环境因素

本章主要从人口、自然地理、经济和社会等四个方面考察影响公共支出成本的环境因素。

第一，人口因素对公共支出成本的影响，可以从三个方面考虑。（1）人口规模。人口带来的规模经济效应将对地方公共支出成本影响明显，普遍的观点是，人口规模与公共支出成本呈负相关或"U"型关系。（2）人口密度。首先和人口规模的影响类似，人口密度越高的地区越容易从规模经济中受益。但对于另一些公共服务类别，如交通基础设施，人口密度过高也有可能引发拥挤问题导致公共支出成本上升，所以在测度支出需求时就需要单独考虑高人口密度的地区的拥挤效应。（3）人口变化趋势。公共机构面临的无形成本与固定成本，可能导致其运行成本未随着人口规模的减少而同步下降。因而人口增长率对公共支出成本也应产生一定影响，如日本的成本差异调整系数中就包括单位骤减修正系数。

第二，自然条件对公共支出成本具有天然的影响，差异化的自然条件使各地提供公共服务的投入产出效率差别显著，从而形成差异化的单位公共服务成本，因此也是均等化范畴中应该考虑的重要因素，主要包括地形地貌、气候水土等。

第三，经济因素。公共服务提供所面临的基础经济环境，将对社会保障、住房、医疗卫生和公共安全等类别的公共服务产生较为直接的影响。例如，物价和工资水平高的地区公共支出成本也会相应更高，要更准确地评估支出成本，必须剔除这种影响。

第四，社会因素。良好有序的社会环境将提升生活的运行效率和质量，避免不必要的社会管理成本，相应地节约财政资源。例如，居民受教育年限长的地区，在公共服务供给的过程中可以避免较高的培训和说服教育成本，有利于提高公共服务的提供效率；又比如路网密度越大、互联网普及程度越高的地区可以节约运输和交流成本支出，加快物资和信息流通速度。

5.4 指标选择与数据说明

本章最终确定 10 项指标建立评价地区间公共支出成本差异的综合指标体系（见表 5 - 1）。其中需要指出的是，短期人口增速和长期人口增速分别以 2008 ~ 2010 年和 2001 ~ 2010 年人口年均增长率表示；由于无法直接获取各地区间可比的物价水平指标，以各地区城镇私营单位就业人员平均工资予以替代。表 5 - 1 中的指标数据均来源于《中国统计年鉴》（2009 ~ 2011 年）、《中国可持续发展报告》（1999）① 和《中国人口和就业统计年鉴》（2009 ~ 2011 年）。为保证实际操作中结果的稳健性，消除由于个别年份突变和个别数据量纲引起的异常，对所有数据进行三年期平均化处理后再标准化，各项数据均值为 0，方差为 1。

表 5 - 1　　　　　　　　　　　公共支出成本差异指标体系

一级指标	二级指标		
	指标代码	指标名称	指标计算方法（单位）
人口因素	X（11）	短期人口增速	2008 ~ 2010 年人口增速平均值（0.01）
	X（12）	长期人口增速	2000 ~ 2010 年人口增速平均值（0.01）
	X（13）	人口密度	各省总人口/省区面积（人/平方公里）
	X（14）	总人口	各地区常住人口（万人）
自然地理因素	X（21）	地表起伏度	各地区海拔高度与地表切割度（0.01）
	X（22）	山区面积	各省山地面积/省区面积（%）
	X（23）	冬季气温	各地区 1 月平均气温（摄氏度）
经济因素	X（31）	工资水平	各地区按行业分城镇私营单位就业人员平均工资（元）
社会因素	X（41）	公路密度	等级公路长度/省区面积（公里/平方公里）
	X（42）	少数民族人口	各地区少数民族人口占自治地区总人口比重（%）

---

① 由于地形地貌短时期内难以变化，因此各地区地表起伏度和山区面积比重的数据相对稳定，因而直接采用《中国可持续发展报告》（1999）中相关计算结果。

5.5 实证分析

5.5.1 影响地区间公共支出成本差异的主要环境特征

本章采用因子分析方法从反映地区间自然、经济、人口及社会环境的各项指标中提取特征信息。在进行因子分析前，通过 Barllett 球型检验判断相关阵是否是单位阵，以及 KMO 检验变量间的偏相关性。从检验结果上看，Barllett 球型检验拒绝了各变量独立的假设，即各变量之间具有较强的相关性；而 KMO 统计量为 0.723，说明样本数据间信息重合的程度比较高，采用因子分析是适合的。在决定因子提取数量时，沿用 Kaiser 准则，将特征根大于 1 作为采纳标准。提取的 3 个公因子方差占所有变量方差的 81.4%，即前 3 个公因子已经大致能够解释地区间存在的各类环境差异。然后采用最常用的方差最大正交旋转（varimax rotation），以便对公因子做出解释。

表 5 - 2 报告了旋转后各变量的因子载荷值。基于表 5 - 2 的因子载荷数值，将公因子含义依次解释为：城市聚集因子、社会地理因子和人口气候因子。城市聚集因子解释了 45.77% 的总方差，主要在人口增速、人口密度和工资水平变量上有较大载荷，从中可体现人口增长、分布及物价水平等地区特征。此项公因子指标为正值的地区，人口和经济聚集的特征也越显著。其次是社会地理因子，方差解释比重为 22.26%，主要相关社会因素指标和山区面积、地表起伏度等地理因素指标构成。第三个因素为人口气候因子，主要在总人口和冬季气温指标上载荷值较高，解释方差的比重约为 13.33%。

表 5 - 2　　　　　　　　　　旋转后的因子载荷矩阵

变量	因子		
	1	2	3
长期人口增速	**0.93**	0.03	-0.12
短期人口增速	**0.93**	-0.16	-0.06

续表

变量	因子		
	1	2	3
总人口	− 0. 36	− 0. 56	**0. 54**
人口密度	**0. 77**	− 0. 43	0. 13
地表起伏度	− 0. 26	**0. 88**	0. 19
山区面积	− 0. 44	**0. 7**	0. 32
冬季气温	0. 12	0. 05	**0. 92**
工资水平	**0. 8**	− 0. 12	0. 12
公路密度	0. 48	**− 0. 74**	0. 35
少数民族人口比重	0. 04	**0. 85**	− 0. 16

5.5.2　基于环境特征的地区间公共支出成本差异情况

根据因子分析中各个省份的三项公因子得分，采用层次聚类分析方法将 31 个省份划分归类。[①] 在城市聚集、社会地理及人口气候等环境因素上同质性较高的地区将被归为一类。在类间距离选择上，我们选择离差平方和法（Ward's Method）。如式（5 − 2）所示，两个省区之间的公共支出成本差异描述为两省之间三项公因子得分之差的平方和相加之后再取平方根，所得数值越小，说明两省差异越小。

$$Euclid(1,2) = \sqrt{(x_1 - x_2)^2 + (y_1 - y_2)^2 + (z_1 - z_2)^2} \qquad (5-2)$$

通过观察聚类系数的变化决定了最终的聚类数目为 7 类。[②] 表 5 − 3 给出了 7 类省区 3 项公因子的统计性描述。从方差值观察，各类内部的不同

[①]　因子得分根据回归分析计算而得，其中回归系数代表各指标在因子得分中的相对重要性，将各项指标值矩阵乘以回归系数矩阵即可得到因子得分矩阵。

[②]　由于聚类系数体现了每一个阶段内合并的两组类别之间的距离，聚类系数的急剧上升意味着停止聚类的最优时点。在本例分析中，第 25 ~ 26 步聚类时系数变化为 4. 079，第 26 ~ 27 步聚类时系数变化为 9. 396，后者约为前者的 2. 3 倍，说明至第 27 步时停止聚类过程最为适宜，此时分类数目为 7。

省区在城市聚集、社会地理及人口气候等环境特征上呈现较高的同质性。①图 5-1 中汇总了各类地区的各项指标均值情况，这里的均值 0 代表全国31 个省区的平均水平。

图 5-1 显示，支出成本总体优势相对明显的是第 2、3、5 类中的省份，具有人口集中、物价水平低、地势平坦、基础设施完善的成本优势。支出成本受城市聚集因素影响较大的地区类别为第 1、3、4、6 类，第 1 类中的地区（北京、上海、天津）因人口的过度聚集和物价水平高企而面临更高的公共支出成本（2.56），在第 3、4、6 类中的省份则显现出物价水平相对较低的支出成本优势（依次为 -0.536、-0.687 和 -0.539）。而受社会地理因素影响较大的地区类别为第 1、2、6、7 类，其中第 1、2 类地区由于地势相对平坦、社会基础设施较为完善，将带来公共支出成本的相对节约（-0.585 和 -1.289）；第 6、7 类多为西部少数民族聚居地区，地形和民族构成复杂、基础设施覆盖率低等特点使其面临支出成本的固有劣势（0.922 和 1.730）。而第 4、5、6、7 类中的省份则受人口气候因素影响更为显著，对第 4、7 类中的省份而言，人口规模较小、冬季气候寒冷增加了地方公共支出成本（-1.473 和 -0.876）；第 5、6 类中的省份情况则正好相反（0.997 和 1.138）。

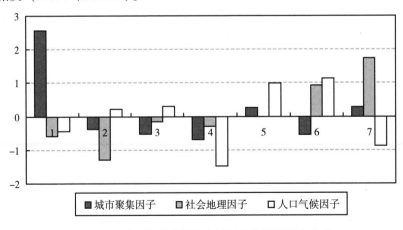

图 5-1 基于聚类分析的各地区环境因子得分均值

---

① 结果中也存在如第 1 类和第 7 类中的例外情况，第 1 类中的指标方差较大与其样本数目较小且均为直辖市有关，而第 7 类中社会地理指标的方差较大，则主要由于西藏和青海两个地形极为特殊的省份。

表 5 - 3　　　　　　　　　聚类特征的一般性统计描述

类别	城市聚集因子	社会地理因子	人口气候因子
第1类（$N=3$）：北京、上海、天津			
均值	2.560	-0.585	-0.435
最小值	1.830	-0.959	-1.128
最大值	3.239	-0.086	0.246
方差	0.498	0.202	0.472
第2类（$N=5$）：河北、江苏、安徽、山东、河南			
均值	-0.382	-1.289	0.226
最小值	-0.837	-1.594	-0.093
最大值	0.227	-0.787	0.438
方差	0.169	0.095	0.051
第3类（$N=5$）：山西、江西、湖北、湖南、陕西			
均值	-0.536	-0.162	0.302
最小值	-0.768	-0.455	-0.344
最大值	-0.333	0.085	0.666
方差	0.042	0.045	0.171
第4类（$N=5$）：内蒙古、黑龙江、吉林、辽宁、甘肃			
均值	-0.687	-0.303	-1.473
最小值	-1.129	-0.749	-1.962
最大值	-0.150	0.321	-0.830
方差	0.144	0.286	0.201
第5类（$N=5$）：浙江、福建、广东、海南、重庆			
均值	0.271	-0.017	0.997
最小值	-0.296	-0.362	0.434
最大值	0.710	0.252	1.834
方差	0.188	0.060	0.268
第6类（$N=4$）：广西、四川、贵州、云南			
均值	-0.539	0.922	1.138
最小值	-0.961	0.543	0.859
最大值	-0.169	1.330	1.480
方差	0.106	0.117	0.094

续表

类别	城市聚集因子	社会地理因子	人口气候因子
第7类（N=4）：西藏、青海、宁夏、新疆			
均值	0.285	1.730	−0.876
最小值	−0.181	1.067	−1.280
最大值	0.789	2.923	−0.198
方差	0.157	0.669	0.222
全部省份（N=31）			
均值	0.000	0.000	0.000
最小值	−1.129	−1.594	−1.962
最大值	3.239	2.923	1.834
方差	1.000	1.000	1.000

5.5.3 对我国均等化转移支付分配机制的检验

前面得出的聚类分析结果是依据城市聚集、社会地理和人口气候等三类环境公因子在地区间的分布模式产生的，而我们关注的焦点在于中国现行的均衡性转移支付资金分配公式中所选取的需求和成本调整因素是否将显著改变按环境因子聚类的地区分类情况。以一般公共管理和服务类支出为例，基于"保工资、保运转、保民生"的政策意图，该类支出最主要的需求成本因素为各地区的财政供养人口指标[①]。如果我们采用该项指标对地区进行分类而未使结果产生明显变化，则说明现在采用的需求和成本调整指标是基本合理的，均衡性转移资金分配机制在支出成本时较好地考虑了地区间社会、地理、经济及人口环境差异；反之则意味着现有的操作办法未能有效调整地区间公共服务提供成本差异。通过进一步分析还可以得知被这一公式设计缺陷显著影响的地区有哪些，以及哪些环境差异尽管在事实上引起了地区间公共服务提供成本差异，却未能在现行的转移支付分

---

① 严格意义上说，财政供养人口指标属于需求影响因素，而非公共服务单位成本影响因素。但由于现行均衡性转移支付办法中成本差异系数的构成是以部门支出结构为基准，即测算的是部门支出成本差异，而非公共支出成本差异。而财政供养人口最能直接体现前一种差异口径的指标。各省财政供养人口数据源自相关年份的《全国地市县财政统计资料》。

配公式设计中得到体现。这里采用典型判别分析方法，其核心思想是找到一个由原始变量构成的线性函数，即判别函数，使组间差异和组内差异的比值最大化。而利用判别函数进行判别时的准确度，也就是正判率的高低标志着评价效果的优劣。

首先估计 3 项环境公因子的正判率。由于聚类分析方法是基于组间差异的最小化，所以判定分析的结果不一定与聚类分析完全一致，因而100% 正确分类的假设并不适合作为现行需求成本指标的基准参照。表 5 – 4 中的数据说明，基于三项环境公因子的判定分析认为 96.8% 的地区分类是正确的，除了第 5 类的正判率为 80%，其余类别的正判率均为 100%。

表 5 –4　　　　　　判定分析分类结果（基于三类环境公因子）

初始类别成员	预测类别成员							合计
	1	2	3	4	5	6	7	
数目（n）								
1	**3**	0	0	0	0	0	0	3
2	0	**5**	0	0	0	0	0	5
3	0	0	**5**	0	0	0	0	5
4	0	0	0	**5**	0	0	0	5
5	0	0	1	0	**4**	0	0	5
6	0	0	0	0	0	**4**	0	4
7	0	0	0	0	0	0	**4**	4
比重（%）								
1	**100**	0	0	0	0	0	0	100
2	0	**100**	0	0	0	0	0	100
3	0	0	**100**	0	0	0	0	100
4	0	0	0	**100**	0	0	0	100
5	0	0	20	0	**80**	0	0	100
6	0	0	0	0	0	**100**	0	100
7	0	0	0	0	0	0	**100**	100

注：原始组别中 96.8% 的样本分类是正确的。

如果仅采用财政供养人口指标作为判别函数的自变量，结果显示32.3% 的地区分类是正确的，即 31 个省份中仅有 10 个省的类别归属是符合自然、社会和经济环境结构的（见表 5 – 5）。具体而言，只有第 5 类

（80%）、第 7 类（50%）的分类是较为成功的，其余 5 类正确率都不高（0~33.3%）。由于一个地区被归于 7 类当中某一类的先验概率平均来看是 14.3%，可以看出正确率较低的分类结果与随机分类的结果差别并不大（第 2 类和第 3 类），甚至低于随机分类的概率（第 4 类）。

表 5-5　　　　　　　判定分析分类结果（基于财政供养人口）

初始类别成员	预测类别成员							合计
	1	2	3	4	5	6	7	
数目（n）								
1	**1**	0	0	1	0	0	1	3
2	0	**1**	0	1	1	2	0	5
3	0	1	**1**	2	0	1	0	5
4	1	0	3	**0**	0	0	1	5
5	0	0	1	0	**4**	0	0	5
6	0	2	0	0	1	**1**	0	4
7	1	0	1	0	0	0	**2**	4
比重（%）								
1	**33.3**	0	0	33.3	0	0	33.3	100
2	0	**20.0**	0	20.0	20.0	40.0	0	100
3	0	20.0	**20.0**	40.0	0	20.0	0	100
4	20.0	0	60.0	**0**	0	0	20.0	100
5	0	20.0	0	0	**80.0**	0	0	100
6	0	50.0	0	0	25.0	**25.0**	0	100
7	25.0	0	25.0	0	0	0	**50.0**	100

注：原始组别中 32.2% 的样本分类是正确的。

具体观察未正确分类的样本地区，根据财政供养人口比重指标，第 1 类地区中上海被认为应归于第 4 类，北京应归于第 7 类；然而，对照第 4 类地区（内蒙古、黑龙江、吉林、辽宁、甘肃），上海仅在社会地理特征数值上与其较为接近，聚集和气候因素被忽略了；北京与第 7 类地区（西藏、青海、宁夏、新疆）较为类似的特征则主要是人口气候，聚集和社会因素未得到体现。第 2 类地区中河北、山东两省被归于第 6 类，第 3 类地区中山西和陕西归于第 4 类，相近之处均体现在人口聚集和物价。还可以观察到，第 4 类中辽宁、黑龙江、甘肃三省和第 5 类中的福建被认为应归于第 3 类；第 6 类中的广西和云南被认为应该归入第 2 类。

综上可以看出，表 5－5 中基于财政供养人口的判定分析结果，在做地区重分类时，并未全面考虑聚集、社会地理和人口气候三个方面；尽管判定结果显示部分样本地区应该被重新划分至其他地区，但地区特征吻合的程度并不高，仅为 33.4%（32.3% 除以 96.8%）。我国财政供养人口比重位居前列的地区除北京以外主要集中在少数民族地区。[①] 由于财政供养人口比重更多地反映了各地区行政机构规模，与客观环境因素的地区间差异情况并非一致（见图 5－2）。如果单纯采用财政供养人口作为需求成本因素指标，将无法反映公共服务提供过程中存在的大量环境差异。而对少数民族地区的政策倾斜将进一步与客观环境差异形态相偏离。[②] 这也与贾晓俊、岳希明（2012）的研究结论基本吻合。[③]

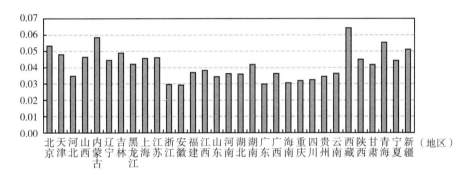

图 5－2　各地区财政供养人口比重

资料来源：《全国地市县财政统计资料（2009）》。

---

①　财政供养人口比重位居前列的地区依次是西藏（6.4%）、内蒙古（5.8%）、青海（5.5%）、北京（5.3%）和新疆（5.1%）。而 2009 年获均衡性转移支付资金最多的地区依次是西藏（3618.62 亿元）、青海（2087.97 亿元）、宁夏（1372.48 亿元）、新疆（962.25 亿元）和内蒙古（698.89 亿元），其中青海在财政体制上视同少数民族地区对待。

②　均衡性转移资金分配向少数民族地区进一步倾斜体现在：2001 年之前少数民族地区除了和其他省份平等参与客观因素转移支付分配外，还可以得到直接针对少数民族地区设立的政策性转移支付补助；2002 年所得税分享改革之后，针对少数民族省份的转移支付系数更高。而实际上自 2000 年起中央财政已经设立民族地区转移支付，以支持民族地区发展。

③　贾晓俊、岳希明（2012）研究均衡性转移支付分配机制时发现，仅就得到转移支付资金的省份而言，人均转移支付资金与财力水平之间呈现明显的正相关，财力越强的省份，得到转移支付资金人均值也越多。这一资金分配结果主要源于以财政供养人口为主的资金分配方式。财力较强的省份，总人口中财政供养人口比重较高，以财政供养人口为主的资金分配方式最终导致资金向财力较强的省份倾斜；资金分配过程中对少数民族省份的优待也是资金向财力较强省份发生倾斜的另一重要原因。

上述现象的存在与整个转移支付体系的政策目标设定有着密切关系。首先，"保工资、保运转、保民生"的分配目的说明，均衡性转移支付资金往往首先被用于甚至是只用于解决地方财政困难和维持机构运转，即所谓的"吃饭财政"。部门支出需求优先于公共性、民生性的支出需求，客观环境差异自然也无法在其分配结果中得到充分反映。反言之，这样一种分配机制从客观上也刺激了地方财政供养人口规模的扩张，使转移支付资金的使用偏离均等化的目标，造成恶性循环（袁飞等，2008；胡德仁、刘亮，2009）。其次，我国的均等化实践处于起步阶段，对选择何种标准来替代财政供养人口、测度地方财政支出需求目前仍在研究与摸索，数据支持与技术水平还无法达到可供政策应用的准确程度。诚然，标准和技术都只是客观因素，政府职能转型尚不充分与地区间人口自由流动机制的缺失才是上述偏离出现并得以持续的根本原因。

改进的方法包括调整或增加相应的成本影响因素指标。例如，在判别函数的自变量当中进一步加入各地区的人口规模和面积指标，判定分析正确率上升至74.2%，符合自然、社会和经济环境结构分类的地区数由10个增至23个，判定正确率低于50%的只有第4类（见表5-6）。这种调整不仅仅是指标的增减，而且意味着均衡性转移支付资金分配必须逐步改变当前针对部门支出需求而非公共支出需求的分配模式；其次，必须简化均衡性转移支付目标，坚持按客观性因素分配的原则，淡化针对少数民族地区的政策性倾斜。

表5-6　　　　　判定分析分类结果（基于财政供养人口、总人口和面积）

初始类别成员	预测类别成员							合计
	1	2	3	4	5	6	7	
数目（n）								
1	**3**	0	0	0	0	0	0	3
2	0	**4**	0	0	1	0	0	5
3	0	0	**4**	0	0	1	0	5
4	1	0	1	**2**	0	0	1	5
5	0	1	0	0	**4**	0	0	5
6	0	0	0	0	1	**3**	0	4
7	1	0	0	0	0	0	**3**	4

续表

初始类别成员	预测类别成员							合计
	1	2	3	4	5	6	7	
比重（%）								
1	**100**	0	0	0	0	0	0	100
2	0	**80**	0	0	20	0	0	100
3	0	0	**80**	0	0	20	0	100
4	20	0	20	**40**	0	0	20	100
5	0	20	0	0	**80**	0	0	100
6	0	0	0	0	25	**75**	0	100
7	25	0	0	0	0	0	**75**	100

注：原始组别中74.2%的样本分类是正确的。

5.6 小 结

基于各国财政均等化的理论研究成果和实践经验，本章探讨了影响公共支出成本的主要环境因素及其理论依据，分别从人口、自然地理、经济及社会环境等四个方面建立了公共支出成本差异指标体系，并以中国省级数据为样本，采用因子分析、聚类分析和判别分析进行实证，以反映我国地区间公共服务提供成本的差异水平，并将结果与现行转移支付公式中的成本差异评估方法进行比较。

第一，造成地区间公共支出成本差异的环境因素主要集中在城市聚集、社会地理和人口气候三个方面。按照上述三项环境公因子评分进行层次聚类分析，中国的31个省可被划分为7类地区。其中第2类（河北、江苏、安徽、山东、河南）、第3类（山西、江西、湖北、湖南、陕西）和第5类（浙江、福建、广东、海南、重庆）地区在人口聚集、物价水平、地理气候和基础设施等方面享有相对成本优势。

第二，对按财政供养人口和按环境因素标准产生的地区分类结果进行判别分析，二者的吻合程度仅为33.4%。这说明在"保工资、保运转、保民生"的政策意图下，现行转移支付资金分配机制更多地反映了各地区行政机构规模大小和对少数民族地区的政策倾斜，对地区间客观环境差异的体现则十分有限。

近年来，中国转移支付体系的横向均衡功能逐步加强，在均衡地方政府的财政收入能力方面效果较为显著。为进一步发挥转移支付的均等化效应，应该在分配机制设计中凸显对支出需求差异的考虑。在测算各地区的标准财政支出时，由当前以部门支出需求和财政供养人口为主的评价标准，逐步向以公共支出需求为主的评价标准转变。在尚不具备均等化各地区支出需求的数据支持和财力资源的情况下，应首先调整由客观环境因素引起的成本差异，使均衡性转移支付资金分配真正向收入能力低而支出成本高的地区倾斜。其次，进一步优化转移支付结构，明确一般性转移支付和专项转移支付内部各子项目的政策功能。在分配机制设计中尽量避免各类转移支付项目之间功能的交叉重叠，或使某一类转移支付承载过多的政策目标。

第6章

中央转移支付对地方财政支出偏好的影响分析

6.1 引 言

转移支付制度的主要功能之一就是实现地区间财政能力的横向均衡，使各地区政府能在大致相同的税收努力程度下，提供较为均衡的公共服务水平。但地区间政府的财力均衡仅仅是手段，最终仍要体现为结果层面的公共服务提供、消费和受益水平的均等化。研究认为中国的两种均等化之间存在长期的协整关系，但影响程度并不显著，公共服务支出均等化并不能带来公共服务领域服务效果的均等化（王伟同，2012）。这恰与郭庆旺、贾俊雪（2008）的研究结论两相印证，后者认为中央财政转移支付在有效促进地方公共服务发展和均等化方面或者无显著影响，或者难以两全。这使我们在关注转移支付的规模和结构调整等制度设计问题之余，不得不重新审视转移支付分配对地方收支决策产生的激励作用。因为均等化从本质上是一种财政集权的体现，与财政分权所产生的体制激励截然不同，通过地区间财力的再分配能否有效扭转分权体制背景下公共服务供给不足与不公共存的局面，仍有待理论解释和经验考察的进一步深入。

首先是转移支付对地方税收努力和收入决策的影响。在经济要素自由流动、地方政府享有独立税权的研究背景和框架下，均等化转移支付的存在客观上会导致较高的均衡税率水平（Egger et al.，2010）。然而，在综合考虑税收竞争以后，均等化转移支付也有可能并不会导致地方政府在税率确定上的策略性行为（Rizzo，2008）。由于地方政府无法自主决定税率和户籍制度对人口流动的限制，中国的地方税收竞争更多地体现在差异化的税收努力程度上。以乔宝云等（2006）、张恒龙和陈宪（2007）为代表的相关研究认为，中国转移支付制度对地方政府的财政努力刺激总体上并不成功，导致地方政府本身征收税收的积极性降低。具体来说，转移支付激励了东部省份在组织财政收入方面的努力程度，中西部地区的情况则正好相反；以税收返还为主的条件性转移支付会激励地方政府努力征税，而非条件性转移支付则将不同程度地抑制地方财政努力（刘勇政等，2009）。

而在地方财政支出决策方面，如果中央对地方的转移支付仅产生收入效应，使地方政府预算约束线发生平行移动，则不会对地方支出决策造成扭曲，但现实情况是地方财力的改善可能会刺激财政支出的过度扩张，即产生所谓的"黏蝇纸效应"（Flypaper Effect）。个别研究认为中国转移支付对地方财政，尤其是在县（区）基层财政支出上升阶段发挥了良好的稳定作用，对支出扩张有一定的抑制作用（徐涛，2011）；但更多研究结论倾向于肯定"黏蝇纸效应"的存在（李永友、沈玉平，2009；付文林、沈坤荣，2012）。尽管一些农业产区的县、乡政府财政状态窘迫，但地方财政总体上没有"哭穷"的理由，尤其是行政开支过大、过快增长的地区（平新乔，2007）。由此推测，基本公共服务的改善程度高度依赖于地方财政支出结构对转移支付资金的反应，也就是说，能否改变分权体制背景下存在的"重经济建设、轻人力资本和公共服务"的支出偏向才是问题的关键，而欠发达地区的财政支出结构更是重中之重。经验研究结论显示，地方财政对转移支付和预算外收入的依赖日益加深，但并未从根本上降低地方政府对经济增长的热情，同时地方财政供养人员比重也明显膨胀（袁飞等，2008；尹恒、朱虹，2011）。

大量文献尝试对这种支出结构偏向做出解释，视角涉及经济发展、地区竞争、政治体制、监督机制与法制建设等多个维度，事实上转移支付的实施效果也受到类似多重约束。在政治集中、经济分权的体制特征并未改变的前提下，本章仍然倾向从财政激励的角度去理解均等化转移支付对地方支出结构的作用机制，但以下方面是我们希望强调和改进之处。

其一，目前对转移支付激励效应的研究，多以上级政府对下级政府的拨款为分析对象，这实际上忽略了财政收入垂直分配的双向性。仅考虑财政资金从上至下的分配与使用，难以反映分税制实施以来"再集权化"所产生财政激励的全貌。其二，假定转移支付制度外生的研究方法存在较大缺陷。仅有少数文献在分析时部分地反映出转移支付的结构特性，突出均等化转移支付的内在特征，绝大部分研究都忽视了转移支付实际上内生于财政体制结构，即使是按照公式分配，它仍是中央和地方政府之间政治博弈的结果。其三，在实证分析时，财政支出在地区间的异质性、跨期间的相关性等因素都将影响到结论的准确和稳定。

　　基于上述理由，本章试图解释和检验均等化转移支付和地方支出结构之间的内在关联，着重从制度实施层面实证考察均等化转移支付对地方政府产生的财政激励及其对区域基本公共服务均等化造成的影响，进而揭示中国推进均等化战略过程中面临的又一障碍。

6.2　地方公共支出决策模型

　　参考付文林和沈坤荣（2012）的研究，首先假设在一个封闭经济体中，代表性消费者的效用取决于私人品和消费性公共品的对数加权和，其基期期望目标函数为：

$$E_0 \sum_{t=0}^{\infty} \beta^t \left[\ln c_t + \delta \ln H_t \right], 0 < \beta < 1 \qquad (6-1)$$

　　式（6-1）中，c 为人均私人品消费量，H 为人均消费性公共品，二者价格均标准化为 1，δ 为效用函数中的消费性公共品权重，β 为贴现因子。

　　假设地方公共品只能通过地方政府供给，且地方政府供给两种公共品：生产性支出（G）、消费性支出（H），且地方政府的财政收入完全来自税收和转移支付。设地方税基为人均 GDP，地区间转移支付为某种程度的财力均等化，则特定地区获得均等化转移支付额为其人均 GDP 缺口的线性函数，且转移支付率参数 φ 为外生给定，这样地方政府的财政预算平衡约束条件为：

$$H_t^i = \tau y_t^i + \rho (y_t - y_t^i) - G_t^i, 0 < \rho, 0 < \tau \qquad (6-2)$$

式（6-2）中，τ 表示地方平均税率，y_t^i 表示 i 地区的人均 GDP，y_t 表示 N 个地区人均 GDP 的均值，即有 $y_t = (y_t^1 + y_t^2 + \cdots + y_t^i + \cdots + y_t^N)/N$。

家庭预算约束方程可表示为消费、投资与居民可支配收入间的等式关系。假设资本完全折旧，资本存量增长率为 θ，则国民收入均衡方程为：

$$c_t^i + \theta k_t^i = (1 - \tau - \rho) y_t^i + \rho y_t \qquad (6-3)$$

因为不同财政支出项目的增长效应存在差别，这里假设只有生产性公共支出进入生产函数，且函数形式为生产技术规模报酬不变的 Cobb - Douglas 函数：

$$y_{t+1} = A_{t+1} k_t^\alpha G_t^{1-\alpha}, 0 < \alpha < 1 \qquad (6-4)$$

y 表示人均产出，α 为资本的边际产出，A 代表技术。考虑到创新的不确定性，本章假设技术进步的运动路径为一阶自相关过程：

$$\ln A_{t+1} = \mu \ln A_t + \xi_{t+1} \qquad (6-5)$$

ξ_{t+1} 为白噪声，其均值等于 0。

在式（6-2）、式（6-3）、式（6-4）、式（6-5）约束条件下讨论代表性消费者效用函数最大化问题，可以求得地方生产性公共支出的最优路径方程为：

$$G_t^i = \frac{(1 - \alpha)\beta(1 + \delta)\left[(\tau - \rho)y_t^i + \rho y_t\right]}{\left[(1 - \beta)\delta + (1 - \alpha)\beta(1 + \delta)\right]} \qquad (6-6)$$

由地方生产性公共支出的决策函数式（6-6）不难发现地方税率 τ 越高，地方政府的生产性支出就越多；消费性公共支出在效用函数中的权重 δ 越大，即地方政府越重视消费性公共服务供给，地方的生产性支出比重就越低；生产性公共支出的边际产出 $1 - \alpha$ 越大，地方生产性支出比重就越高；贴现因子 β 越小，即地方政府越重视当前辖区居民的社会福利，地方生产性公共支出水平越小。

对式（6-6）关于转移支付率 ρ 求一阶导数，可得：

$$\frac{\partial G_t^i}{\partial \rho} = \frac{(1 - \alpha)\beta(1 + \delta)}{\left[(1 - \beta)\delta + (1 - \alpha)\beta(1 + \delta)\right]}(y_t - y_t^i) \qquad (6-7)$$

根据式（6-7），当 $y_t^i < y_t$，即 i 地区的经济发展水平落后于全国平均水平时，则中央政府对 i 地区的转移支付率 ρ 越大，代表性地区的生产性支出 G_t^i 越大。经济落后地区有更强烈的冲动增加生产性财政支出项目，主

要是因为在均等化转移支付制度下，经济落后地区能够获得更多的转移支付资金，从而有更多的财力增加生产性公共支出。

6.3　计量模型、指标选择与数据说明

方程（6-6）显示，地方公共支出决策函数由地方经济发展水平 y_t^i、资本边际产出 α、地方财政能力缺口（$y_t - y_t^i$）、代表性消费者对自身消费时间偏好程度 β 及对地方公共品的偏好程度 δ、地方平均税率 τ 和中央对地方转移支付率 ρ 等因素共同决定。其中，消费者对自身消费时间偏好程度 β 及对地方公共品的偏好程度 δ 等变量存在量化难度，综合上述考虑，本章将基准方程设置为：

$$exp_{it} = \alpha_0 + \alpha_1 gdp_{it} + \alpha_2 transfer_{it} + \alpha_3 tax_{it} + \alpha_4 fisgap_{it} + \alpha_5 mpk_{it} + \varepsilon_{it}$$

$$(6-8)$$

其中，i 和 t 分别表示地区和年份。模型中的被解释变量 exp 为人均地方公共支出 G 或 H，在具体的分析中我们考虑了文教卫、社会保障、基本建设和行政管理等四类财政支出。gdp 为人均地方生产总值，对应地方经济发展水平 y_t^i。$transfer$ 为转移支付率，为各省所获得的净转移支付额（中央对地方补助收入减去地方上解中央支出）占本级财政支出的百分比，由于这样处理会使净转移支付额中包含税收返还，后者从本质上说应属于地方收入，因而会对转移支付率形成一定程度的高估。但考虑到税收返还占总体转移支付的比重逐年下降，转移支付率的高估所带来的偏误也应该有限。tax 刻画的是地方平均税率，按照通常的处理办法，我们以宏观税率，即各省本级财政收入占地方生产总值的比重表示；$fisgap$ 代表地方财政能力缺口，按照财力分配完全均等化的要求，假设各地方的财政能力缺口等于全国平均的人均财政收入减去地方人均财政收入。mpk 所代表的资本产出比则以地区 i 当年的地方生产总值与全社会固定资产投资之比表示；ε 为随机扰动项。

根据利维坦假说和"黏蝇纸效应"，预期 gdp 和 $transfer$ 的回归系数符

号为正，但如果转移支付内置了均等化因素，经济越落后、财政能力缺口越大的地区获得的转移支付资金越多，这意味着转移支付率对地方人均财政支出的影响与人均地方生产总值可能相异。因此，我们在回归方程中加入了 gdp 和 transfer 的交互项，预期其符号为负。除了上述影响因素外，还应考虑到地方公共服务提供面临的供给成本、人口结构等其他相关支出需求因素，为此我们以各地抚养比 depratio，即 0 ~ 14 岁和 65 岁及以上人口占各省总人口比重作为模型的控制变量 x。考虑到《中华人民共和国预算法》对中央和地方预算编制的要求，政府当期支出在很大程度上要受到上一年支出的影响，我们也相应做出调整，调整后的回归模型为：

$$exp_{it} = \alpha_0 + \omega exp_{it-1} + \alpha_1 gdp_{it} + \alpha_2 transfer_{it} + \alpha_3 tax_{it} + \alpha_4 fisgap_{it} + \alpha_5 mpk_{it}$$
$$+ \alpha_6 gdp_{it} \times transfer_{it} + b_t X_{it} + \varepsilon_{it} \tag{6-9}$$

考虑到 2007 年国家财政支出分类口径的变化，本章的分析时间区间定为 1997 ~ 2006 年，考察的样本地区包括全国 31 个省。数据来源于相应年份的《中国统计年鉴》《中国税务年鉴》《中国财政年鉴》《新中国六十年统计资料汇编》。

6.4 实证结果分析

6.4.1 基于全部地区样本的回归结果

由于计量模型中含有被解释变量的滞后项 exp_{it-1}，即使扰动项 ε_{it} 本身不存在序列相关，也无法避免滞后项 exp_{it-1} 与扰动项 ε_{it} 相关，导致 OLS 和 FE 估计结果存在偏误。相比较而言，广义矩估计法（GMM）可以通过使用工具变量降低内生性造成的估计偏误，因而更为适宜（Arellano and Bond，1991）。广义矩估计分为差分广义矩（FD - GMM）和系统广义矩（SYS - GMM）两类，Blundell 和 Bond（1998）曾认为 FD - GMM 方法容易受到弱工具变量影响致使估计结果有偏误，进而提出了将差分方程和水平方程结合起来的 SYS - GMM 估计。由于标准误的两阶段估计值更加渐进有效，本章选择两阶段 SYS - GMM 估计，为避免工具变量选择偏差，回归式中被解释变量的滞后项被视为内生变量，其他解释变量被视为严格外生。基于最大化样本规模的考虑，本章仅将解释变量的一阶滞后值作为工具变量；此外，为避免地区间发展程度异质性引致的估计偏误，参数估计的统计量均采用稳健性估计量。为确保工具变量选择无误，本章进行了 Hansen检验，结果未拒绝 Hansen 检验"所有工具变量均外生"的基本假设，即工具变量的选取基本合理。最后，残差项的差分也至少在10%的显著性水平上存在一阶自相关，但不存在二阶自相关。表6-1中汇报了包含全部地区样本在内的回归结果。

表6-1　　　基于动态面板数据模型的地方公共支出偏好检验（全部地区）

变量	基本建设		文教卫		行政管理		社会保障	
	(1)	(2)	(1)	(2)	(1)	(2)	(1)	(2)
L. exp	0.84 ***	0.65 ***	0.54 ***	0.45 **	0.74 ***	0.65 ***	0.55 ***	0.5 ***
	(0.086)	(0.092)	(0.18)	(0.203)	(0.22)	(0.197)	(0.08)	(0.13)
transfer	−0.16	2.31 *	−0.199 *	1.6 *	−0.31 **	0.20	0.03	−0.59
	(0.12)	(1.04)	(0.11)	(0.84)	(0.15)	(0.54)	(0.38)	(2.94)
gdp	0.202	0.38 **	0.42 **	0.41 **	0.13	0.16 *	0.52 **	0.46
	(0.17)	(0.17)	(0.17)	(0.16)	(0.13)	(0.09)	(0.25)	(0.34)
tax	0.42 **	0.69 ***	0.46 ***	0.42 **	0.27	0.17	0.59 **	0.66 **
	(0.21)	(0.29)	(0.18)	(0.19)	(0.18)	(0.13)	(0.24)	(0.28)
fisgap	0.46	0.76 **	0.49 **	0.57 ***	0.46 **	0.46 *	0.79 **	0.79 **
	(0.19)	(0.22)	(0.19)	(0.21)	(0.23)	(0.27)	(0.36)	(0.33)
transfer × gdp		−0.26		−0.19 **		−0.05		0.06
		(0.22)		(0.096)		(0.06)		(0.31)
mpk		0.19 *		0.1		0.07		0.11
		(0.12)		(0.09)		(0.09)		(0.13)
Depratio		0.37		0.27 **		0.18 **		−0.61 **
		(0.29)		(0.098)		(0.09)		(0.28)
Cons	0.31	1.36	0.36	1.13 *	1.03	1.27	−0.46	0.03
	(1.53)	(2.39)	(0.02)	(0.58)	(0.78)	(0.99)	(2.44)	(3.24)
AR (1)	0.001	0.011	0.054	0.049	0.056	0.021	0.000	0.001
AR (2)	0.184	0.13	0.25	0.235	0.246	0.175	0.106	0.103
Hansen 检验	0.99	1.00	0.99	1.00	0.99	1.00	1.00	1.00
样本数	278	278	278	278	278	278	278	278

注：（1）对各模型的回归均包括年度虚拟变量，回归结果大多显著，限于篇幅未在表中予以汇报。（2）括号内的数值表示估计系数的标准差；其中 ***、**、* 表示在1%、5%、10%的显著性水平上显著。（3）差分残差序列相关性检验 AR（1）、AR（2）和 Hansen 检验结果采用统计量的 P 值表示。

人均财政支出滞后一期值 $L.exp$ 的回归系数显示各类支出增长的刚性特征明显，前期支出对本期支出有着较强的正向影响，弹性值大多在 0.5以上并且高度显著。这固然与我国经济转轨进程中地方财政支出总体规模不断增长的趋势吻合，但也反映出中国自 1993 年以来尝试的零基预算制度改革并未取得实质性进展，导致财政资金平均分配和惯性增长现象普遍。当然，这并不意味着地方政府对各类支出项目没有优先排序，我们仍然可以通过各类支出的系数值观察地方政府内在的支出意愿。未加入控制变量时，前期人均财政支出每增长 1%，基本建设支出和行政管理费支出将分别增长 0.84% 和 0.74%，而社会保障支出和文教卫支出的增幅仅为 0.55%和 0.45%；加入控制变量后，前期支出对当期支出的影响幅度虽有降低，但排序没有变化，说明即使受到预算刚性的影响，地方政府对能够直接促进经济增长和满足自身消耗的支出偏好依然更为强烈。

在控制其他因素尤其是交互项影响的情况下，核心解释变量净转移支付率 $transfer$ 的系数在基本建设和文教卫支出的模型（2）中为显著正号，即转移支付资金总体上会导致部分地方公共支出项目更大幅度地上升，存在所谓的"黏蝇纸效应"。比较两类支出项目发现，基本建设支出对转移支付资金的弹性值为 2.31，高于文教卫支出的 1.6，说明地方政府在获得转移支付资金后，平均而言对经济建设的投入仍然远超公共服务。多数研究曾认为这与转移支付结构不合理高度相关，非特定用途的一般性转移支付规模较小，而限定用途且涵盖大量生产建设性项目的专项转移支付比重又过高，使地方政府即使获得了财力也无法增加对公共服务的投入。然而，考虑到 2002 年所得税收入分享改革后，一般性转移支付资金稳定增长机制建立，一般性转移支付规模、比重迅速增加，与专项转移支付几乎已经持平；与此同时，随着均等化战略的实施，近年来专项转移支付逐步退出竞争性领域，不断向基本公共服务等民生领域倾斜。这种情况下地方财政对经济建设支出却热情不减，显然无法全部归因于转移支付的结构特征。事实上，只要存在由经济增长引致的财政和晋升双重激励，即使逐步向横向均衡功能目标转型，转移支付体系引发预算软约束和"可替代性"等财政机会主义行为的可能性也将加大，难以保证地方政府的支出偏好与改善基本公共服务供给的目标之间趋于一致。从政策执行层面来看，现实中各类转移支付项目既未规定资金拨付的具体时间，也没有明确规定其必须编入本级政府预算，客观上也增加了地方政府对资金进行统筹规划的难度。交叉项的系数在基本建设、文教卫和行政管理中均为负号，和理论分析相符，但只有在对文教卫支出的回归中显著。

此外，变量 gdp 所代表的人均地方生产总值对各类支出项目大多为显著的正向影响，经济收入水平越高的地区，人均财政支出也相应越高。其中，以文教卫和社会保障为代表的公共服务支出项目受经济发展水平的影响更大，弹性值分别为 0.46 和 0.41，基本建设和行政管理项目则为 0.38 和 0.16，显示出在财政分权体制背景下经济发展水平差异对地方财政支出产生的异质性影响：发达地区的地方政府无论在经济建设、民生改善还是维持自身机构运转方面都较落后地区享有不同程度的优势。类似的，地方宏观税负指标 tax 除了对行政管理支出的影响不显著以外，在其他回归模型中均显著为正，与理论预期一致。tax 以本级财政收入占 GDP 比重衡量，该指标值越大，说明当地政府自身汲取财政收入的能力越强，对基本建设、文教卫和社会保障的支持力度自然更大。

6.4.2　基于分区域样本的回归结果

前面的一般均衡分析中揭示当中央政府对落后地区加大转移支付力度时，将刺激该地区更大幅度地增加生产性支出投入，针对全部地区样本的回归结果也与该理论预测相契合。为进一步考察分权体制下，地方政府在接受均等化转移支付之后的财政支出行为选择是否与其地区的财政再分配地位相关，即作为财政再分配资金的净贡献方或净受益方是否会引致该地区在各类支出项目中的异质性偏好，本章还将对现行财政资金纵向分配背景下的地方财政支出结构进行分区讨论。和传统的东中西部划分方法不同，这里的划分标准为财政资金净转移量，即各地区当年征收的国税、地税收入之和减去其本级财政支出。某地区获得的财政资金净转移量大于 0，则为财政资金净受益地区，反之则为财政资金的净贡献地区。按照这个初步标准，1997~2006 年间财政资金净贡献地区有北京、天津、辽宁、上海、江苏、浙江、福建、山东和广东，其他省份均为财政资金分配的净受益地区。分区域后，净贡献地区只有9个省份，而适用于大N小T型面板数据的GMM估计方法此时不再有效。同时，我们最终讨论的是横向财政均衡条件下，异质性的地方支出偏好对基本公共服务均等化的影响，虽然财政资金净流入地区的政府支出行为是问题的关键，但净流出地区的支出行为选择亦不容忽视。所以，采用固定效应模型（FE）对两类地区分别进行回归分析，这种前提下采用被解释变量对所有解释变量的滞后一期项进行回归，依然可以兼顾动态性和内生性的问题，调整后的计量方程式（6-10）表示如下，回归结果则列于表6-2。

$$exp_{it} = \alpha_0 + \alpha_1 gdp_{it-1} + \alpha_2 transfer_{it-1} + \alpha_3 tax_{it-1} + \alpha_4 fisgap_{it-1} + \alpha_5 mpk_{it-1} +$$
$$\alpha_6 gdp_{it-1} \times transfer_{it-1} + b_t X_{it-1} + \varepsilon_{it-1} \tag{6-10}$$

表6-2　　　　　　基于固定效应模型的地方公共支出偏好检验（分区域）

	财政再分配的净收益地区				财政再分配的净贡献地区			
	基本建设	文教卫	行政管理	社会保障	基本建设	文教卫	行政管理	社会保障
L. transfer	0.83 ** (0.29)	0.17 ** (0.07)	0.26 *** (0.08)	0.54 (0.59)	0.12 (0.15)	-0.28 (0.3)	-1.27 ** (0.39)	-4.9 ** (1.12)
L. gdp	0.83 *** (0.19)	1.07 *** (0.06)	1.04 *** (0.08)	1.31 *** (0.25)	0.65 *** (0.13)	0.91 *** (0.05)	1.06 ** (0.09)	1.02 *** (0.26)
L. tax	0.93 ** (0.29)	0.16 * (0.09)	0.26 *** (0.05)	1.08 ** (0.42)	1.61 ** (0.17)	0.48 *** (0.12)	0.74 *** (0.10)	2.05 ** (0.75)
L. fisgap	0.91 ** (0.37)	0.63 ** (0.11)	0.65 *** (0.12)	3.97 *** (0.66)	0.48 * (0.22)	-0.05 (0.1)	0.15 (0.08)	0.53 (0.6)
L. mpk	0.53 (0.33)	0.11 (0.07)	0.197 ** (0.09)	0.48 (0.28)	0.16 (0.12)	0.09 (0.11)	-0.02 (0.09)	-0.83 * (0.41)
L. transfer × gdp						0.19 * (0.09)	0.55 *** (0.14)	2.46 *** (0.38)
Cons	0.67 (2.04)	-2.96 (0.73)	-2.99 (0.85)	-2.39 (3.21)	3.74 * (1.76)	-2.48 ** (0.85)	-6.2 *** (2.44)	0.03 (3.24)
R²	0.73	0.92	0.92	0.85	0.91	0.98	0.98	0.81
Hausman 检验	0.000	0.000	0.000	0.000	0.000	0.000	0.000	0.000
	197	197	197	197	81	81	81	81

注：（1）***、**、*分别表示在1%、5%、10%的显著性水平上显著，括号中的数值为聚类稳健标准差。（2）对财政再分配净收益地区的回归方程中不含净转移支付率与人均GDP的交互项。其他同表6-1。

对于财政资金的净流入地区而言，转移支付率每增加 1%，人均基本建设支出增长 0.86%，人均行政管理费增长 0.26%，而人均文教卫支出仅增长 0.17%；人均社会保障支出的增幅虽为 0.54%，但并不显著。从中可以清楚地观察出落后地区政府对经济建设近乎本能的偏好，使均等化转移支付资金的使用偏离了提供公共服务的初始目标。同时，地方经济收入水平、宏观税负和财政能力缺口对各类别支出都有不同程度的促进作用，而宏观税负和财政能力缺口反映的是地方公共支出对自有财政收入和上级转移支付的倚重程度。平均来看，地方财政支出对上级转移支付的依赖度最高，经济发展次之，最后是自有财政收入。具体地，经济建设和社会保障支出的增长主要靠中央转移支付，对文教卫和行政管理支出增长起决定性作用的则是地方经济收入水平。

而在财政资金的净流出地区，经济发展和宏观税负对各项公共支出的影响与净流入地区在性质上并无区别；只不过相对于后者，宏观税负比经济发展对这些地区的公共支出促进程度更大，也说明自有财政收入能力已基本可以满足这些地区的公共支出需求。最关键的是，转移支付率对基本建设支出的弹性值为 0.12，对文教卫支出的弹性值为 −0.28，但均不显著；对行政管理尤其是社会保障的系数分别为 −1.27 和 −4.9，且均在 5% 的显著性水平上显著。再看交互项的情况，除了基本建设支出回归中不含交互项以外，交互项系数在文教卫、行政管理和社会保障的回归中均显著为正，和理论估计与全部地区样本回归中的符号相反，我们认为这在很大程度上是因为按照均等化转移支付制度的设计理念，财政资金净流出地区所能获得的转移支付只能是专项转移支付，其资金分配机制是竞争性的。也就是说，在净流入地区中转移支付率和经济收入水平之间存在此消彼长的负向关系，但对净流出地区来说，二者之间却是正向联系，经济越发达的省份对项目的配套能力越强，在竞争专项转移支付方面更有优势，最终促进其人均公共支出更快增长。但对于其中人均 GDP 相对较低的省份，极有可能出现人均公共支出增速放缓甚至是更大幅度的下降。最典型的如广东、江苏、浙江等经济大省的人均社会保障支出水平在全部地区中均居于较低水平，部分年度在剔除消费物价影响后甚至出现了负增长。如果说转移支付率增加能够降低地方行政管理费开支，其下降程度也可以通过经济发展和地方政府自有收入的增加予以弥补，但社会保障支出的降幅却无法由这些因素的同等程度变化而抵消。从基本公共服务均等化角度而言，这种由财政再分配净贡献地区公共服务支出水平的下降固然能在客观上缩小区域间差距，但显然违背均等化政策的初衷。

6.5 小 结

本章的主要工作是采用 1997～2006 年的省级面板数据，实证检验我国的均等化转移支付对地方财政支出偏好产生何种影响，着重从制度实施层面考察均等化转移支付对地方政府产生的财政激励及其对区域基本公共服务均等化造成的影响，进而揭示中国推进均等化战略过程中面临的又一障碍。主要结论如下：

（1）中国地方财政支出刚性特征明显，前期支出对当期支出有显著的正向影响，资金平均分配和惯性增长现象普遍；尤其是能够直接促进地方经济增长和满足政府自身消耗的支出，惯性增长的幅度较公共服务类支出更大。

（2）和政府税收相比，转移支付资金总体上会导致部分地方公共支出项目更大幅度地上升，存在一定程度的"黏蝇纸效应"。地方政府在获得转移支付资金后，平均而言对经济建设的投入仍然远超公共服务，即在当前制度背景下，转移支付体系引发预算软约束和"可替代性"等财政机会主义行为的可能性加大，难以保证地方政府的支出偏好与改善基本公共服务供给的目标之间趋于一致。

（3）地方政府在接受均等化转移支付之后的财政支出行为，与其财政再分配地位相关。在财政资金的净流出地区，转移支付资金对基本建设支出和文教卫支出的影响并不显著，对社会保障支出则有显著的负向影响。而在财政资金的净流入地区，转移支付率每增加 1%，人均基本建设支出增长 0.86%，人均行政管理费增长 0.26%，并且高度显著，文教卫和社会保障支出则无显著变化。从基本公共服务均等化角度而言，这种财政再分配，即发达地区公共服务支出水平的下降，固然能在客观上缩小区域间差距，但显然违背均等化政策的初衷。

第 7 章

主要结论与政策建议

7.1 主要结论

基于政府间转移支付和基本公共服务均等化之间的逻辑关联，本书研究了转移支付促进基本公共服务均等化的路径机制，评价检验了这一机制在中国的运行效果，并从制度设计和实施激励的环节审视中国在以转移支付促进均等化过程中面临的国情约束与体制障碍。主要结论集中在以下几点。

（1）通过政府间转移支付实现区域基本公共服务均等化的关键，一是以转移支付有效促进政府间财政均衡；二是将这种条件层面的财政均衡切实转化为结果层面的基本公共服务供给均等。均等化研究的经典文献认为地区间公共服务差距问题从本质上说是一个财政问题，政府间的财政差距是导致公共服务非均等的根本原因。在民主选举体制、公共财政体制和人口流动机制等制度环境较为合意的前提下，只需通过政府间转移支付消除地区间财政差距，公共服务非均等问题就能迎刃而解。不仅如此，从财政分权理论以及现实角度看，一定程度的公共服务供给差距是地方财政独立性和经济社会发展异质性的共同产物，本身并不与效率与公平相违背。然而，仅仅依靠转移支付或者说财政激励手段缩小公共服务差距是不够的。因为对大多数转型与发展中国家而言，除了均等化转移支付的设计欠缺规范以外，更关键的是并不具备类似的制度环境来确保地方政府的合意性，使财政层面的均等转化为公共服务供给的均等。本书研究证明，转移支付制度的设计，以及实施转移支付所依托的制度结构体系都是决定其能否有效缩小地区间公共服务差距的重要因素。本书对地区间公共服务提供成本差异的强调，对财政体制和政治治理因素的关注，与国际上研究转型与发展中国家均等化实施问题的最新视角保持了一致。

（2）第2章建立的理论框架表明，转移支付—财力均衡—基本公共服务均等化是转移支付促进基本公共服务均等化的可行路径。其内在逻辑可以表述为：基本公共服务均等化是转移支付制度的主要目标，转移支付制度是实现基本公共服务均等化的现实选择与重要手段；作为公共服务提供的主体，地方政府间的财力均衡则是实现基本公共服务均等化的必要前提，因为财力差距悬殊的地区不可能在可比的税收努力水平上提供同样水平的公共服务。但财力均衡仅是实现基本公共服务供给均等的必要而非充分条件，还需考虑两个问题，即地区间公共服务提供成本差异和地方政府提供公共服务的意愿。解决第一个问题主要依靠转移支付制度设计；第二个问题则与转移支付的激励效果有关，具体表现为转移支付条件下的地方财政支出偏好，需考虑实施转移支付所依托的制度背景与环境。

（3）长期以来，中国推行均等化的路径特征表现在：一是以中央层面的制度设计为主，高度依赖转移支付，基本不涉及其他与公共服务差距形成和固化有关的体制改革；二是转移支付制度安排具有鲜明的渐进性特征，其功能目标由推进分税制财政体制改革过渡到实现（基本）公共服务均等化，尤其侧重于实现政府财力的横向均衡。以上路径特征意味着我国转移支付体系在发挥横向平衡功能方面依然面临较大的阻碍；更重要的是，中国式分权固有的财政与政治的双重激励依然存在。通过第3章对体制背景的梳理，本书得出以下几个结论：第一，1994年分税制改革的收入集权倾向和渐进性特征加剧了地方财政支出"重经济建设、轻人力资本与公共服务"的结构偏向，但在财政能力水平差异的影响下，这种结构偏向在不同地区的表现形式并不一致；第二，现行的中央对地方转移支付体系逐步规范，但受到特殊国情和渐进式改革的约束，中国的转移支付在规模结构、分配机制和结果以及资金的预算安排执行等方面，与实现财政乃至基本公共服务均等化的制度目标并不相符；第三，即使将具有财政再分配意义的转移支付考虑在内，中国财政体制的整体激励特征自1994年至今并未发生本质改变，地方财政支出结构呈现"重经济建设、轻人力资本与公共服务"偏向的财政体制因素依然存在。鉴于政绩考核目标体系、户籍制度等政治社会治理体制在考察期内均未发生重大变革，本书认为以转移支付促进财力均衡进而实现基本公共服务均等化的路径机制在中国的制度环境下依然面临条件约束，尚不能发挥实质性作用。

（4）对中国而言，缩小地区间财力差异的条件公平并未转化为基本公共服务提供的结果公平。本书第4章分别测算了引入公共支出成本视角前后中国地区间的财政均等化水平以及省际基本公共服务均等化水平，并实证检验了前者对后者的影响。结论显示：首先，基于实际财力角度，考察期内转移支付显著缩小了省际财政差距；但引入公共支出成本视角后，省际财政差距的改善甚至未及初始财政收入差异的改善显著。这意味着从潜在财政差距的角度看，转移支付的均等化功能实际上在不断弱化。其次，考察期内基本公共服务领域的非均衡态势略有改善，但供给水平变化不大。其中东部省份对缩小差距的贡献最大，中部次之，西部省份则依然是差距产生的主要来源；西部省份的基本公共服务水平得到了一定的改善，中部省份的基本公共服务水平却相对落后。总体上，中国在基本公共服务领域无法同时兼顾缩小差距和提升供给。最后，无论是否考虑支出成本因素，地区间财政均等化都未能显著促进基本公共服务均等化。正如财政分权并不意味着公共服务的有效供给一样，在考量能否以转移支付促进财力均衡进而实现基本公共服务均等化之前，应该全面考虑影响其得以成立的种种因素和约束条件。此外，财政分权在一定程度上与集权色彩的均等化目标有所抵触；经济发展水平与基本公共服务差距之间存在高度显著的倒"U"形曲线关系；城镇化进程具有显著的逆均等化效应；人口密度、年龄结构等需求成本因素则并未显著影响基本公共服务均等化水平。

（5）以转移支付促进财力均衡进而实现基本公共服务均等化的第一个约束条件——地区间公共支出成本差异问题在中国的转移支付制度设计中未能得到重视和解决。按照均等化原则，均等化转移支付需要考虑的公共支出成本差异，应集中在各地人口、自然地理、经济和社会等客观环境因素的差异上。第5章的实证研究发现城市聚集、社会地理和人口气候这三类环境因素解释了80%以上的地区间客观环境差异，但即使是转移支付制度中最符合均等化取向的均衡性转移支付也未能考虑和有效调整这种差异。基于"保工资、保运转、保民生"的政策意图，均衡性转移支付所考虑的最主要的需求成本因素是地方财政供养人口，其地区分布差异显然不同于地区间客观环境差异，而对少数民族地区的政策倾斜将进一步与客观环境差异形态相偏离。这种成本差异评估方式说明中国的均等化转移支付存在以下制度设计缺陷：受部门支出需求而非公共支出需求主导；过多承担其他政策目标，削弱了应有的横向均衡功能。

（6）第6章实证检验了第二个约束条件在中国的实现程度——均等化转移支付能否改变地方财政支出偏好（结构），以及这种改变是否有利于基本公共服务差距的缩小。本书在第3章的分析中说明，改变"重经济建设、轻人力资本与公共服务"的财政支出结构偏向，对中国的地方政府来说是"不能"与"不为"并存。首先，造成公共服务差距的深层次体制性障碍依然存在。当前的分税制财政体制对财政资源的统筹仅限于公共财政收支，财力的高度分割导致公共部门资源的最优配置无法实现；而无论是中央和地方之间还是省以下政府间，都未形成财政关系调整的制度化框架，导致基层财政自主程度不断恶化。其次，政治和社会治理改革的严重滞后，中国的转移支付制度无法抵消财政体制对地方政府提供公共服务的整体负面激励。实证结果印证了上述分析：地方政府在财力改善后倾向于更大比例地提高基本建设和行政管理费支出。财政资金净流入越多的地区，地方政府对经济建设的偏好越是强烈，而对公共服务的投入增幅较小或并不显著；对财政资金净流出地区而言，获得转移支付将导致公共服务类支出的增速放缓甚至下降。结合第4章的研究结论可以看出，当前地区间公共服务供给差距的缩小实际上是由发达地区公共服务投入水平的下降所致，与财政均等化的政策初衷并不相符。

7.2 政策建议

基于上述研究结论，我们可以大致概括出中国以转移支付促进基本公共服务均等化所面临的问题与障碍所在。首先，转移支付制度在实现地方横向财政均衡方面尚存局限；其次，中国并不具备完善的制度环境来确保地方政府的合意性，促进地方公共支出结构转型，使财政层面的均等转化为公共服务供给的均等，这意味着进一步规范财政分权和地方治理体制的必要性。同时，地区间基本公共服务差距形成的多重因素，决定了实现基本公共服务均等化是一项复杂的系统工程，既不可能是市场机制自发演进的结果，也不是政府能够独立承担，需要多项制度安排协同发生作用，合理设计政府与市场各主体之间的制度安排。因此，本书认为通过完善转移支付制度体系、建立规范的财政分权、促进地方职能转型和实现多元政策协调，将有助于提升中国以转移支付促进基本公共服务均等化的有效性。

7.2.1　完善转移支付制度体系

总体而言，完善转移支付制度的思路应从"量"的扩张转向"质"的提升。一方面，单纯依靠规模增长引致的均等化效果必然边际递减，庞大的转移支付规模无论对私人部门还是公共部门都可能造成效率损失；另一方面，过分强调提升某一类转移支付所占比重的意义同样有限。转移支付制度的最终目标虽是实现（基本）公共服务均等化，但实际的转移支付制度安排却是政府政治与经济阶段性目标的多重均衡，而非单一目标的结果。从中国当前的转移支付制度安排来看，要实现均衡与激励并重，重点应该放在规范分配机制、提升资金使用效率和完善法制保障等方面。

1. 提升一般性转移支付的均等化效果

无论是基于总量还是比重，认为规模偏小导致一般性转移支付均等化功能受限的观点已经不再适用。然而在一般性转移支付内部，均衡性转移支付作为规范化的均等化转移支付的雏形，尚未完全符合均等化要求，其他子项目也因多元化的政策目标和分配机制与均等化目标相违背。因此提升一般性转移支付的均等化效果应从构建均衡性转移支付的主体地位、完善其分配机制以及依据均等化目标整合其他各转移支付子项目入手。

一方面，坚持均衡性转移支付按因素法和公式法分配的制度刚性，从制度设计层面弱化并逐步取消均衡性转移支付除均等化以外的其他政策性功能。

一是标准收入测算方面，逐步将纳入预算管理的其他地方政府收入归至标准财政收入测算范围；对已经进行标准化测算的各类税种，进一步考虑地区间产业结构和征管成本差异因素，使测算结果更为精确；逐步减少据实计算部分，压缩地方机会主义行为的制度空间。

二是标准支出测算方面，最大限度地考虑公共支出需求而非部门支出需求的影响，建立一整套反映地区间公共支出成本差异，尤其是客观环境差异因素的指标体系，使标准支出的测算更加科学合理。

三是转移支付系数的设定。在上级转移支付资金不能充分弥补下级财政收支缺口的情况下，根据地方标准财政收支缺口大小而非其他因素确定当地的财政困难程度，设计不同档次的转移支付补助系数。

另一方面，通过逐步归并和取消其他一般目的的财政转移支付形式，实现均衡性转移支付规模比重的增长，进而提升一般性转移支付的均等化功能。

一是取消原体制补助或上解以及年终结算补助。体制补助和结算补助都是从财政包干体制下延续的转移支付项目，分配原则和政策目标与规范的均等化转移支付并不相符；另一方面此类补助规模稳定，在整个转移支付体系中所占比重已经很低，应归并到均衡性转移支付中进行统筹，进一步淡化转移支付制度的过渡性色彩。

二是逐年降低直至最终取消税收返还。税收返还在分配目的和性质上与体制补助和结算补助有相近之处，但由于规模和比重更大，采用渐进改革的方式更为适合。首先，可逐步从增量上减少（增加）对体制上解（补助）地区的税收返还，既降低因取消体制补助给地方财力带来的短期波动，也可累积实现一定的财政再分配效果。其次，进一步扩充均衡性转移支付规模增长机制，采用一定比重的税收返还作为其补充性的资金来源，并逐年递增。比如起始年为10%，逐年增加5%，以边际调整、渐进改革的方式在中期内实现均衡性转移支付对税收返还的最终取代。

三是整合除均衡性转移支付外的一般性转移支付子项目。尤其对于作为中央政策配套、因"增支减收"效应引起地方财力不足而设立的转移支付项目，应该按照政策目的和实施期限建立"退出"机制。如调整工资转移支付、农村税费改革转移支付等项目在分配上都具有基数性质，在使用上又含有专项转移支付的部分特征，与均等化功能目标均不相符。从制度设计的角度而言，这些项目的设立在短期内固然有一定的客观合理性，长期内应该逐步纳入均衡性转移支付，按照地方财政能力—需求缺口进行分配。此外，对于2009年由专项转移支付调至一般性转移支付项目的一般公共服务转移支付、公共安全转移支付、教育转移支付、社会保障和就业转移支付和医疗卫生转移支付也应进行类似的整合。

2. 健全专项转移支付的分配与管理机制

专项转移支付比重过高的问题，主要是源于信息的不透明。因为除了预算安排的专项转移支付，还存在相当大比重由部委审批的项目专项转移支付未公开。考虑到预算专项转移支付近年来规模和项目构成趋于稳定，所谓规模大、比重高和管理不规范主要针对的是项目专项转移支付。[①] 因此，建立健全的专项转移支付的分配和管理机制，关键在于增强信息透明度，使社会各界都能通过信息加强监督，避免"暗箱操作""跑部钱进"等机会主义行为，并相应地加强财政和审计监督，提高专项转移支付资金的使用效率和规范程度。

首先，在增强信息透明度的基础上控制专项转移支付规模总体比重，提升预算专项转移支付占总体专项转移支付的比重。从现实角度看，由于目标、功能和地位不同，专项转移支付和一般性转移支付在转移支付体系中将长期共存，但专项转移支付资金量大，意味着中央干预地方的力度大，容易挤占一般性转移支付，影响地方积极性的发挥；而且要合理有效分配巨量资金，需要处理的信息量较大，即使是专业部门也很难具备足够的能力和精力来分配和安排专项转移支付资金，导致资金下达的延误。因此，总的趋势是控制专项转移支付比重，通过内部项目整合提升专项转移

---

① 根据财政部历年《中央对地方税收返还和转移支付预决算表》中转移支付规模排序可知，2011年至今，农林水事务、交通运输、节能环保、住房保障、社会保障与就业、教育、医疗卫生7个项目占预算专项转移支付的比重已达80%以上，成为预算专项转移支付的主体项目。

支付的制度功能。

对已经纳入预算管理的专项转移支付项目，要严格按照调控宏观经济、提供全国性的公共服务、提供外溢性的公共服务的目标落实，缩小当前预算专项转移支付涉及的项目领域，避免专项转移支付泛化、一般化和随意化的分配取向。将具有调节政府间财力功能的专项转移支付项目进一步剥离、转移。2009 年由专项转移支付调至一般性转移支付项目的一般公共服务转移支付、公共安全转移支付、教育转移支付、社会保障和就业转移支付和医疗卫生转移支付，仍有大部分资金保留在专项转移支付内部，建议逐步纳入均衡性转移支付统筹范围。对现有项目类专项转移支付按照国家法律法规和实施进展进行清理整合；按照法律、行政法规和国务院的规定可以设立专项转移支付，用于办理特定事项，对市场竞争机制能够有效调节的事项不得设立专项转移支付。

其次，规范专项转移支付管理机制。从设立、审批和分配各个环节规范对专项转移支付的管理，做到设立合法、审批合规和分配合理。除要求保密的项目以外，参照一般性转移支付，适时公布专项转移支付的分配依据，在中央层面逐步向因素法、公式法和以奖代补的分配方式靠拢，避免"鞭打快牛"和助长地方政府"等、靠、要"的依赖心理。

最后，改进专项转移支付管理方式。在分配上，实施中央"公式法加因素法"、地方"项目法"相结合，除按照国务院的规定应当由上下级政府共同承担的事项以外，上级政府在安排专项转移支付时，不得要求下级政府承担配套资金。在执行上，中央对地方的专项转移支付应当在全国人民代表大会批准预算后及时下达，同时将数额相对固定的专项转移支付项目指标提前下达，编入地方财政预算，提升地方财政预算的完整性，便于地方人大监督和提升资金使用效率。[①]

3. 推进转移支付法制化进程

逐步改变当前以中央"决定""通知""办法"进行转移支付政策调

[①] 参见中华人民共和国国务院：《关于深化预算管理制度改革的意见》，http：//www. gov. cn/zhengce/content/2014 – 10/08/content_9125. htm。

整的现状，以转移支付立法作为构建中国财政均衡制度与基本公共服务均等化制度框架的切入口，引导中央和地方政府间规范财政关系的形成。通过转移支付立法，明确转移支付制度调整的基本原则和总体趋势，降低因政策调整给地方财政造成波动的同时，降低对财政机会主义行为的制度激励，促进制度建设的理性化。

7.2.2　建立更规范的财政分权

中共十八届三中全会在《中共中央关于全面深化改革若干问题的决定》中将财政和财税体制分别定位于"国家治理的基础和重要支柱"，以及"优化资源配置、维护市场统一、促进社会公平、实现国家长治久安的制度保障"。新一轮财政体制改革的目标相应调整为：建立与国家治理体系和治理能力相匹配的现代财政制度。一方面，以"国家治理"引导财税改革，将国家治理原则充分融入财政制度建设（王雍君，2014）；① 另一方面，确立"明确事权""发挥中央和地方的两个积极性"的基本改革方向，回归规范意义上的分税制轨道（高培勇，2014）。改革将进一步完善公共财政体制、规范我国的财政分权，对完善以转移支付促进基本公共服务均等化所需的制度环境有着重大意义。

1. 减少政府级次及财政级次

按照五级政府架构，我国从中央到地方相应设立了五级预算，从而形成五级政府财政体制。第一，财政层级过多，造成了各级政府间多重委托—代理关系，增加了代理效率损失；第二，政府财政层级过多往往导致各级政府的职责权限交叉错位和税源分配困难，清晰完整的政府间财政关系框架难以建立；第三，财政级次本身就具有累积财力的制度功能，在"财政自利"的驱动下，多级次政府财政体制将导致财力分配不利于基层财政，弱化和扭曲其提供基本公共服务的能力与偏好。当前简化财政级次的

---

① 这八项原则分别是公共利益至上、财政授权、受托责任、透明度、预见性、公众参与、竞争分配与行为规范。

改革思路主要是"省直管县"和"乡财县管"两种模式。①

就省直管县财政体制建设而言，应该根据各省自身情况有步骤地推行。第一个阶段是在区域范围适中、交通方便、县的数量相对较少且县域经济较为发达的省份推行"省管县"财政体制，调整财政级次。第二个阶段是推进地方适度分权，提升公共治理水平并完善相应立法。或强县扩权推进县域发展。对实力较强的县赋予市一级的资源支配权和经济社会发展决策权，尽量使其政府层级地位与财政层级地位相匹配；或撤县设区推进中心城市发展。对经济社会发展辐射作用比较强但又面临土地要素制约的中心城市，随着公共治理水平的提升，通过撤县设区达到扩大城市辖区和带动周边发展的目的。第三个阶段可调整政府层级结构，完善财政层级。经济社会发展到一定程度，市一级的权力也基本下放到县以后，可以水到渠成地调整政府层级结构，同时完善财政层级制度，构建符合经济社会发展要求的行政体制和财政体制（田发，2013）。

乡财县管模式的可行思路是：根据各地经济社会发展水平、人口集中程度的差异，在尊重基层自主创新的基础上，对乡镇体制改革及财政级次地位确立采取差别性的对策。具体来说，一是撤并乡镇，提升中心镇的地位；二是将偏远非中心乡镇或改为县的派出机构，成为县的一个核算单位，或提升为中心镇；三是县城区所在的镇级机构全部改为街道办事处，从而减少一个财政级次。

2. 明确政府职能，优化公共服务责任的纵向配置

首先，理顺政府与市场的关系，使市场在资源配置中起决定性作用并且更好发挥政府作用。转型期的社会现实决定了中国距离规范化的政府与市场关系尚远，复杂的政府职能与滞后的部门改革增加了事权在不同级别政府之间划分的困难（中国社会科学院财经战略研究院课题组，2014）。必须明确现代政府是公共服务型政府，因公共服务需要而存在。建设公共服务型政府，一则转变计划经济体制时期政府以大规模投资和行政审批直

---

① 在减少政府级次、降低行政成本的总体目标下，应防止脱离各地实际情况，"一刀切"的改革方式；允许各地按照本地实际情况，自主决定财政级次调整，并将减少财政级次与鼓励多种模式的公共服务供应机构发展有机结合。

接主导、干预经济的行为模式，重点突出服务和监管职能；二则优化服务方式，提升服务效率。并非所有的公共服务都应由政府直接生产，也可以由非公共部门生产而通过政府购买的方式提供。

其次，建立事权与支出责任相统一的制度，合理划分各级政府事权，优先在各级政府间的重大公共服务责任划分方面取得突破。从理论上来说，财权与事权相匹配的提法更为合理，但根据我国的实际情况，二者匹配的意义并不太明显。如对国家主体功能区规划中的限制开发区、禁止开发区来说，主要问题不是财权，而是获得与维持政府运转、提供公共服务相应的财力保障。从十七大开始强调财力与事权相匹配，依然未能有效解决这一问题。因事权划分未明，层层下移至基层政府的并非事权，而是支出责任。事权与支出责任相适应，通过"权"与"责"的匹配，一是压缩"上级请客、下级买单"等财政机会主义行为的制度空间，二是加强对政府财政支出绩效评价和问责。然而，准确界定政府间事权划分，特别是混合与交叉事权的划分，是理顺财政体制的难点所在。这种情况下，应首先争取在基本公共服务领域的支出责任划分上取得进展（崔运政，2012）。

3. 合理确定各级政府的财权和收入，保障地方财政能力

一是赋予地方政府适度的税收立法权。基本思路是短期内先在中央与省级之间分割部分税收立法权。中央税、中央和地方共享税以及对国家宏观经济产生较大影响的地方主体税种，应由中央统一立法；全国性的辅助地方税种，可由中央保留立法权，但将征管权和部分政策调整权下放给地方，并规定实施的幅度范围；对宏观经济影响较小，地方特色浓厚的税种，在全国范围内统一征收的，可由中央制定基本法，地方享有细则制定、政策解释和征收管理的权力；对全国不统一开征、主要对地方辖区内产生影响的税种，税权可以完全下放，但须报国务院备案。

二是赋予地方适度举债权。举债权的下放几乎是所有建立财政分权体制国家的共同经验和普遍做法。尽管会增加地方财政风险和隐患，但多年来地方债在我国经济社会发展、基础设施建设和民生改善方面的作用不可或缺，因此对地方举债问题宜疏不宜堵，应在适当赋予地方一定举债权的同时，强化对地方债务发行的审批，以及对债务资金使用的监督和管理。

具体而言，可继续扩大地方政府债权自发自还试点，加快推进地方政府信用评级制度建设；规范政府举债融资制度，建立以政府债券为主体的地方政府举债融资机制，剥离融资平台公司政府融资职能；对地方政府债务实行限额控制，分类纳入全口径预算管理；推行权责发生制的政府综合财务报告制度，将政府性债务指标纳入地方主要领导干部政绩考核，建立问责机制；建立健全债务风险预警及应急处置机制，防范和化解债务风险。①

三是合理确定地方税收规模，构建各级地方主体税种。近年来我国地方税收入规模逐渐萎缩，影响地方财政收入质量，也不利于地方财政自主性的发挥；我国税制结构中缺乏必要的地方税种，是导致地方财力薄弱、基层资金周转困难的重要原因。应适度扩大地方税收入规模，处理好地方税占国家税收收入和地方财政收支比重问题。通过加快地方税体系建设、完善地方税种的税制规定和推进"费改税"来实现地方税收规模的合理增长，而非中央税与地方税规模的"此消彼长"。首先，考虑到"营改增"的影响，现阶段乃至未来较长一段时间内，增值税、消费税、企业所得税、个人所得税等中央与地方共享税无疑还应继续作为地方财政收入的重要组成部分，但地方的分享比例应适当提高。其次，完善现有税种。改革财产税体系，设立房地产税，并逐步将其培育成地方的主体税种；强化土地增值税的征收管理；对个人所得税逐步建立分类与综合相结合的混合所得税制。最后，在条件成熟的情况下开征部分新税种，如遗产与赠与税、社会保险税，将排污费、教育费附加实行费改税，开征环境税、教育税等等。

7.2.3 促进地方财政支出结构转型

促进地方财政支出结构转型是将政府间财政均等化落实到区域基本公共服务均等化的关键所在，但必须承认财政支出规模和结构形成的客观性与阶段性。当前中国存在财政支出规模较高、经济建设性支出结构偏向等

---

① 参见中华人民共和国国务院：《关于加强地方政府债务管理的意见》，http：//www. gov. cn/zhengce/content/2014 – 10/02/content_ 9111. htm。

问题，归根结底是因为我国尚处于经济转轨和公共财政转型进程中，发展经济和提升社会福利水平的强烈需求同时存在。虽然财政支出规模过大不利于经济增长，支出结构偏向不利于民生改善，但未来以交通、环保、水利等为主要方向的公共投资压力依然不轻。按照提升基本公共服务供给水平和均衡性的目标，和直接提升基本公共服务类支出规模比重相比，更重要的是消除导致地方财政支出结构偏向的各类扭曲性的体制安排，实现政府职能转型与财政支出结构转型的互相促进，提升财政分权的效率优势。

1. 完善政府治理，以体制改革推进财政支出结构的合理调整

首先，改革政绩考核机制，加强基层民主建设，促使地方政府以提供公共服务作为工作重心。一是制定、调整综合性的政绩考核标准，如按照主体功能区的不同划分，相应提高环境保护、就业与社会福利体系建设等领域的权重，将政府财务报告主要指标作为考核依据等；二是加大力度推动基层民主建设，强化地方人大对政府部门的监督和问责，积极引入由公民参与的自下而上的绩效评价机制，形成以结果为导向、以居民满意度为主要标准的问责机制，增强地方政府回应性。

其次，加强预算管理和审计力度，完善决策、执行、监督相互制约又相互协调的政府治理体系。第一，清理规范重点支出与财政收支或生产总值挂钩事项，对重点支出根据改革需要和确需保障的内容统筹安排，改善地方财政支出能力碎片化的状况。第二，全面推进预算绩效管理工作，逐步将绩效管理范围覆盖到各级预算单位和所有财政资金，加强对绩效评价结果的使用。第三，构建公民普遍参与的公共预算监督机制，大力加强审计机构以查错纠弊、绩效审核、健全制度为主体的免疫功能。

2. 优化基本政府职能支出长效机制和公共投资结构，继续加大社会福利性支出

基本政府职能支出方面，一方面是借力于政府机构与职能转变改革，控制审批权力，削减部门的编制和财政经费，保障监管及公共服务部门的编制和经费；制定与物价水平、经济发展水平联动的各类行政性支出的具体标准，严格执行各项制度并明确"一票否决"；逐步扩大预算公开透明的力度，加强社会监督。另一方面，推进养老保障并轨并改善公职人员薪酬结构。采用增量改革的方式，将公职人员的退休制度并入企业职工养老保险体系，同步适度提高公职人员在职薪酬、建立补充养老金，理顺公职人员薪酬关系。

经济建设支出方面，首先，以环境、水利、城乡公共服务体系、综合交通体系等为重点，加大对民生类基础设施建设的力度，控制对过于超前领域的投资，优化公共投资结构。其次，清理并压缩各类企业补贴，将补贴方向集中于科技创新与节能环保。加强对保留下来的企业补贴资金的管理和绩效评估，提高资金实效。

社会福利性支出方面，优先安排预算资金用于基本公共服务，确保基本公共服务类支出适度增长。合理界定中央政府和地方政府的基本公共服务事权和支出责任，条件成熟时应将养老保险等支出责任划归中央，强化省级政府在基本公共服务均等化方面的支出责任。中央财政要完善县级财政保障基本公共服务的激励约束机制，加大专项转移支付力度，确保财力困难地区的支出需要，引导各地按照常住人口安排基本公共服务支出。

7.2.4 实现多元政策协同

实现区域基本公共服务均等化是一项复杂的系统工程，既不可能是市场机制自发演进的结果，也不是政府能够独立承担，需要多项制度安排协同发生作用，因此合理设计政府与市场各主体之间的制度安排成为关键因素（赵怡虹、李峰，2009）。除了前面探讨的针对财政体制及地方政绩考核机制的改革，这一制度体系还涉及主体功能区建设、多元化的公共服务供给体系建设以及户籍制度改革等多项内容。

1. 促进主体功能区建设与区域基本公共服务均等化的有机结合

主体功能区战略的实施一方面有利于调整单纯以缩小经济差距实现区域协调发展的片面思路，从而将缩小优化开发、重点开发、限制开发和禁止开发区域之间差距的重心转移到缩小地区间基本公共服务差距上来，进一步凸显了实现基本公共服务均等化的战略意义；另一方面，兼顾主体功能区划分的地方政绩考核标准和转移支付制度设计，有利于扭转 GDP 导向下的地方政府行为，促进地方政府职能和地方财政支出结构转型。

2. 加快建立多元化的基本公共服务供给体系

无论是政府自身在供给公共服务方面的能力与效率局限，还是基本公共服务市场需求的增长，客观上都要求更为多元化的公共服务供给主体与供给方式；当前委托—代理与契约制度、招投标制度、项目融资技术以及公共服务分割量化技术的发展与完善同样为拓宽公共服务供给渠道、创新公共服务供给方式奠定了基础。

一方面，多元化的基本公共服务供给体系仍需要在政府主导下建立完善，通过政府、市场和非营利部门之间的竞争与合作，激发基本公共服务供给与均等化的积极性，如借鉴国外先进经验，通过公私合作制（Public Private Partnership，PPP）创新基本公共服务供给方式。另一方面，随着政府职能转变与市场机制的不断完善，由第三方组织补充提供公共服务的条件将日趋成熟。现实条件允许的情况下，政府应由基本公共服务的直接生产与供给角色，向引导推动者、公共服务的购买者和监督者的角色转变。

3. 改革户籍制度，保障区域基本公共服务均等化供给

户籍制度的约束，是中国以转移支付促进基本公共服务均等化面临的重要制度约束条件之一。根据传统的财政分权理论，流动人口能够通过"以足投票"对各地的公共服务进行选择性消费，促进政府间均衡的财政能力向公共服务的均等供给转化。中国具有世界上最大的流动人口规模，却不存在"以足投票"机制，根本原因在于居民户籍与其对公共服务的消费权利相挂钩。当面临财政压力时，地方政府往往倾向于强化户籍约束，以减少辖区内居民人数和自身基本公共服务责任，形成恶性循环。因此，不解除户籍制度对居民基本公共服务消费权利的约束，对地方公共服务供给能力的财力支持就无法转化为居民消费结果，无法实现基本公共服务均等化及其与新型城镇化战略之间的良性互动。

附　录

附录1　中国政府间财政收支划分概况

附表1-1　　　　　　　　　　　**中央和地方收入的划分**

中央固定收入	关税，海关代征消费税和增值税，消费税，铁道部门、各银行总行、各保险公司总公司等集中交纳的收入（包括营业税、利润和城市维护建设税），未纳入共享范围的中央企业所得税、中央企业上交的利润等
中央与地方共享收入	增值税中央分享75%，地方分享25%；纳入共享范围的企业所得税和个人所得中央分享60%，地方分享40%；资源税按不同的资源品种划分，海洋石油资源税为中央收入，其余资源税为地方收入；证券交易印花税中央分享97%，地方（上海、深圳）分享3%
地方固定收入	营业税（不含铁道部门、各银行总行、各保险公司总公司集中缴纳的营业税），地方企业上交利润，城镇土地使用税，城市维护建设税（不含铁道部门、各银行总行、各保险公司总公司集中缴纳的部分），房产税，车船税，印花税，耕地占用税，契税，遗产和赠予税，烟叶税，土地增值税，国有土地有偿使用收入等

资料来源：中华人民共和国财政部预算司网站，中国财政体制——中央与地方财政收支，http：//yss. mof. gov. cn/zhuantilanmu/zhongguocaizhengtizhi/zyydfczsz/200806/t20080627_54310. html。

附表1-2　　　　　　　　　　　**中央和地方支出责任的划分**

中央财政支出	国防费、武警经费，外交和援外支出，中央级行政管理费，中央统管的基本建设投资，中央直属企业的技术改造和新产品试制费，地质勘探费，中央安排的农业支出，中央负担的国内外债务的还本付息支出，以及中央本级负担的公检法支出和文化、教育、卫生、科学等各项事业费支出
地方财政支出	地方行政管理费，公检法经费，民兵事业费，地方统筹安排的基本建设投资，地方企业的改造和新产品试制经费，农业支出，城市维护和建设经费，地方文化、教育、卫生等各项事业费以及其他支出

资料来源：中华人民共和国财政部预算司网站，中国财政体制——中央与地方财政收支，http：//yss. mof. gov. cn/zhuantilanmu/zhongguocaizhengtizhi/zyydfczsz/200806/t20080627_54310. html。

附表 1–3　　　　　　　　　　　　省以下收入划分概况

分享办法	具体描述	实行地区
收入稳定且规模较大的税种一般由省与市县按比例分享	省与市县共享收入税种主要为增值税（25% 部分）、营业税、企业所得税和个人所得税（40% 部分）、城镇土地使用税、资源税等；省与市县共享收入的划分比例主要有"五五"、"四六"、"三七"等，多数省级分享比例略低于市县分享比例	北京、天津、河北、山西、内蒙古、辽宁、吉林、河南、海南、重庆、四川、陕西、西藏、青海等大部分省区采用了这种模式
收入较少的税种一般由市县独享	主要有城建税、房产税、车船使用和牌照税、耕地占用税、印花税、契税、土地增值税等，这些税种收入规模相对较小，易于地方征管	
按照税种和行业相结合的方式划分	在按照以税种方式划分收入的同时，规定主要行业、支柱产业或重点企业的税收收入由省级独享	浙江、黑龙江、江苏、安徽、福建、山东、江西、湖北、湖南、广东、广西、云南、贵州、甘肃、宁夏、新疆等省区

资料来源：李萍，《财政体制简明图解》，中国财政经济出版社 2010 年版。

附表 1–4　　　　　　　　　　　　省以下支出责任划分概况

省（直辖市、自治区）本级支出责任	省级主要承担省（直辖市、自治区）级国家机关运转所需经费，调整全省（直辖市、自治区）国民经济结构、协调地区发展、实施宏观调控等方面的支出以及由本级直接管理的事业发展支出。按照政法经费分类保障机制改革的要求，省级负担了办案费和业务装备费的绝大部分
地市州与县（市）级的支出责任	市县政府承担的事务主要包括：本级行政管理费、农林水部门事业费、城市维护和建设费、抚恤和社会福利救济、专项支出等
省、市、县政府共同承担的事务	基本建设支出，公检法司、文化、教育、科学、卫生、社保等各项事业发展支出。各省按照保发展、惠民生的要求，省、市较大比例地承担了农村义务教育中小学的生均公用经费补助、免费提供教科书补助、寄宿生生活费补助、农民参加新型保险补助、医疗公共改革支出等

资料来源：李萍，《财政体制简明图解》，中国财政经济出版社 2010 年版。

附录2　各地区基本（分类）公共服务水平测算结果

附表2-1　　　　　各地区基本公共服务综合指数（2005～2011年）

地区	2005 年	2006 年	2007 年	2008 年	2009 年	2010 年	2011 年
全国	0.4962	0.4951	0.4974	0.4952	0.4956	0.4966	0.4961
北京	0.5816	0.6162	0.6008	0.6279	0.6171	0.6106	0.5944
天津	0.5731	0.6493	0.6080	0.6067	0.5952	0.5761	0.5690
河北	0.4969	0.4823	0.4844	0.4746	0.4951	0.4975	0.4913
山西	0.4721	0.4537	0.4608	0.4699	0.4775	0.4829	0.4763
内蒙古	0.4911	0.4540	0.4654	0.4604	0.4666	0.4738	0.4865
辽宁	0.5086	0.4657	0.4672	0.4764	0.4663	0.4726	0.4649
吉林	0.5011	0.4533	0.4694	0.4694	0.4558	0.4722	0.4578
黑龙江	0.5169	0.4712	0.4771	0.4728	0.4617	0.4741	0.4543
上海	0.5530	0.6181	0.6178	0.6203	0.6000	0.5710	0.5585
江苏	0.5571	0.5381	0.5511	0.5470	0.5451	0.5384	0.5464
浙江	0.5738	0.5873	0.5948	0.5882	0.5838	0.5676	0.5704
安徽	0.4671	0.4524	0.4524	0.4474	0.4492	0.4496	0.4597
福建	0.5306	0.5443	0.5326	0.5293	0.5485	0.5338	0.5363
江西	0.4643	0.4682	0.4807	0.4779	0.4825	0.4808	0.4953
山东	0.5091	0.5249	0.5273	0.5216	0.5272	0.5237	0.5293
河南	0.4857	0.5126	0.5108	0.4985	0.5044	0.4893	0.4925
湖北	0.4901	0.4909	0.5005	0.4923	0.4951	0.4906	0.4954
湖南	0.4776	0.4745	0.4805	0.4745	0.4793	0.4803	0.4733
广东	0.4865	0.4883	0.5399	0.5385	0.5363	0.5241	0.5184
广西	0.4880	0.5383	0.4925	0.4810	0.4924	0.4867	0.4855
海南	0.4973	0.5116	0.5098	0.5000	0.4913	0.4994	0.5020
重庆	0.4784	0.5090	0.5063	0.4967	0.4925	0.4867	0.4986
四川	0.4772	0.4691	0.4721	0.4774	0.4924	0.4883	0.4939
贵州	0.4372	0.4145	0.4112	0.4127	0.4205	0.4275	0.4316
云南	0.4847	0.4420	0.4525	0.4571	0.4503	0.4493	0.4478
西藏	0.4046	0.4238	0.4349	0.4090	0.4099	0.4339	0.4309
陕西	0.4436	0.4576	0.4602	0.4686	0.4828	0.4887	0.4988
甘肃	0.4489	0.4217	0.4365	0.4382	0.4368	0.4479	0.4655
青海	0.5255	0.4811	0.4750	0.4671	0.4684	0.4770	0.4792
宁夏	0.4644	0.4703	0.4747	0.4769	0.4808	0.4974	0.4916
新疆	0.4954	0.4652	0.4737	0.4739	0.4592	0.5021	0.4847

附表 2 - 2　　　　各地区基础教育公共服务综合指数（2005～2011 年）

地区	2005 年	2006 年	2007 年	2008 年	2009 年	2010 年	2011 年
全国	0.4958	0.5142	0.4889	0.4934	0.4973	0.5149	0.4998
北京	0.6069	0.6946	0.4100	0.3236	0.4351	0.4679	0.5744
天津	0.5243	0.4838	0.4557	0.3727	0.4558	0.5262	0.5655
河北	0.4970	0.4883	0.5266	0.4338	0.5066	0.5266	0.5064
山西	0.4292	0.4285	0.3554	0.3167	0.4277	0.4664	0.5131
内蒙古	0.6051	0.5636	0.6305	0.6961	0.6377	0.6024	0.5500
辽宁	0.4417	0.3109	0.3436	0.2399	0.3820	0.4498	0.5318
吉林	0.5650	0.4505	0.5327	0.5142	0.5003	0.5156	0.5747
黑龙江	0.5284	0.4350	0.4802	0.4461	0.5457	0.5207	0.5510
上海	0.5027	0.3392	0.4461	0.3785	0.4468	0.4534	0.5160
江苏	0.4873	0.5917	0.5453	0.5955	0.5698	0.5641	0.5243
浙江	0.4954	0.5707	0.5308	0.5521	0.5198	0.5321	0.4852
安徽	0.4681	0.7167	0.5287	0.5704	0.5293	0.5240	0.4725
福建	0.5402	0.6680	0.6085	0.6666	0.5881	0.5564	0.5231
江西	0.4834	0.4926	0.4632	0.4218	0.3920	0.4237	0.4506
山东	0.5640	0.5322	0.5923	0.6244	0.5748	0.5776	0.5027
河南	0.4520	0.4603	0.4484	0.4329	0.4356	0.4687	0.4458
湖北	0.4851	0.5201	0.5172	0.5229	0.5276	0.5323	0.4845
湖南	0.5108	0.5087	0.4695	0.4964	0.4769	0.5126	0.4910
广东	0.3406	0.3241	0.2052	0.1162	0.2703	0.3829	0.4532
广西	0.4249	0.5052	0.3657	0.3360	0.3930	0.4470	0.4562
海南	0.4389	0.4445	0.4709	0.5246	0.5205	0.5212	0.4969
重庆	0.4579	0.4684	0.4623	0.4783	0.4864	0.4981	0.4806
四川	0.4779	0.4924	0.4756	0.5136	0.4937	0.5099	0.4638
贵州	0.4599	0.5104	0.5101	0.5419	0.4892	0.4987	0.4376
云南	0.5140	0.5606	0.5588	0.5873	0.5460	0.5281	0.4624
西藏	0.5100	0.6051	0.6469	0.7516	0.6454	0.6145	0.4965
陕西	0.4914	0.5249	0.5390	0.5738	0.5485	0.5621	0.5192
甘肃	0.4836	0.5563	0.5669	0.6466	0.5693	0.5566	0.4934
青海	0.5534	0.6178	0.6086	0.6712	0.5646	0.5481	0.4659
宁夏	0.5088	0.5445	0.4490	0.5213	0.5160	0.5207	0.4632
新疆	0.5231	0.5316	0.4128	0.4298	0.4217	0.5532	0.5427

附表 2 - 3　　　各地区医疗卫生公共服务综合指数（2005～2011 年）

地区	2005 年	2006 年	2007 年	2008 年	2009 年	2010 年	2011 年
全国	0.4996	0.4978	0.4968	0.4976	0.4965	0.4992	0.4954
北京	0.6507	0.6380	0.6630	0.7491	0.6520	0.6443	0.6149
天津	0.5571	0.5398	0.5239	0.5762	0.5031	0.5105	0.4859
河北	0.4849	0.4800	0.5005	0.4727	0.5389	0.5407	0.5398
山西	0.5352	0.5343	0.5271	0.5351	0.5893	0.5919	0.5765
内蒙古	0.5446	0.5420	0.5663	0.5259	0.5644	0.5398	0.5364
辽宁	0.5959	0.5950	0.5801	0.5711	0.5363	0.5379	0.5291
吉林	0.5546	0.5664	0.5699	0.5568	0.5109	0.5173	0.5049
黑龙江	0.4959	0.4882	0.4912	0.4924	0.4792	0.4899	0.4707
上海	0.5347	0.5198	0.5019	0.6414	0.5490	0.5617	0.5198
江苏	0.4630	0.4708	0.4854	0.4667	0.4381	0.4404	0.4340
浙江	0.5030	0.5140	0.5302	0.5355	0.4986	0.5035	0.4945
安徽	0.4136	0.4141	0.4075	0.4066	0.4063	0.4053	0.3962
福建	0.4540	0.4697	0.3996	0.4167	0.4711	0.4763	0.4772
江西	0.4504	0.4442	0.4428	0.4268	0.4545	0.4566	0.4717
山东	0.4597	0.4597	0.4506	0.4725	0.4890	0.4971	0.4901
河南	0.4254	0.4245	0.4122	0.4122	0.4723	0.4730	0.4720
湖北	0.4516	0.4510	0.4607	0.4513	0.4520	0.4572	0.4565
湖南	0.4717	0.4674	0.4703	0.4582	0.4882	0.4962	0.4968
广东	0.4383	0.4391	0.4374	0.4646	0.4529	0.4592	0.4536
广西	0.4352	0.4362	0.4423	0.4348	0.4427	0.4505	0.4538
海南	0.4894	0.4821	0.4887	0.4681	0.4431	0.4437	0.4445
重庆	0.4600	0.4607	0.4632	0.4431	0.4392	0.4486	0.4458
四川	0.4873	0.4869	0.4842	0.4666	0.4949	0.5020	0.5093
贵州	0.4131	0.4093	0.4129	0.4022	0.4329	0.4371	0.4418
云南	0.4585	0.4532	0.4536	0.4522	0.4317	0.4364	0.4312
西藏	0.5749	0.5637	0.5608	0.5411	0.5872	0.5769	0.6314
陕西	0.5232	0.5187	0.5008	0.4839	0.5166	0.5154	0.5148
甘肃	0.5532	0.5558	0.5745	0.5144	0.5006	0.5096	0.5123
青海	0.5001	0.5055	0.5093	0.5094	0.5423	0.5357	0.5442
宁夏	0.5055	0.5054	0.5047	0.5081	0.4883	0.4845	0.4761
新疆	0.6020	0.5964	0.5862	0.5713	0.5268	0.5370	0.5327

附表 2 - 4　　　　各地区社会保障公共服务综合指数（2005～2011 年）

地区	2005 年	2006 年	2007 年	2008 年	2009 年	2010 年	2011 年
全国	0.5036	0.4941	0.4954	0.5039	0.4963	0.4977	0.5055
北京	0.6378	0.6293	0.6268	0.6549	0.6303	0.6131	0.6292
天津	0.6189	0.6112	0.6149	0.6497	0.6233	0.6069	0.6094
河北	0.4806	0.4781	0.4752	0.4925	0.5089	0.5084	0.5207
山西	0.4737	0.4734	0.4779	0.4957	0.4841	0.4852	0.4927
内蒙古	0.4772	0.4718	0.4859	0.4897	0.5033	0.5287	0.5355
辽宁	0.5092	0.5019	0.4970	0.5100	0.5235	0.5202	0.5113
吉林	0.4663	0.4649	0.4649	0.4631	0.4861	0.4828	0.4871
黑龙江	0.4903	0.4881	0.4950	0.5031	0.4949	0.4915	0.4921
上海	0.6395	0.6252	0.6328	0.6503	0.6290	0.6149	0.6148
江苏	0.5426	0.5327	0.5411	0.5548	0.5483	0.5474	0.5588
浙江	0.5596	0.5540	0.5650	0.5764	0.5709	0.5704	0.5805
安徽	0.5033	0.4926	0.4986	0.4952	0.4897	0.4882	0.4968
福建	0.4938	0.4877	0.4939	0.4924	0.4692	0.4592	0.4792
江西	0.4560	0.4456	0.4494	0.4745	0.4554	0.4747	0.4991
山东	0.5175	0.5120	0.5247	0.5257	0.5198	0.5179	0.5199
河南	0.4711	0.4663	0.4662	0.4699	0.4652	0.4655	0.4727
湖北	0.4807	0.4660	0.4601	0.4717	0.4742	0.4837	0.4978
湖南	0.4730	0.4649	0.4655	0.4633	0.4545	0.4569	0.4644
广东	0.5233	0.5123	0.5092	0.5293	0.4911	0.4827	0.4848
广西	0.4615	0.4516	0.4549	0.4587	0.4692	0.4642	0.4630
海南	0.4474	0.4425	0.4504	0.4667	0.4818	0.4718	0.4861
重庆	0.5019	0.4821	0.4694	0.5043	0.4804	0.4821	0.4924
四川	0.4712	0.4598	0.4662	0.4686	0.4602	0.4521	0.4602
贵州	0.4718	0.4553	0.4501	0.4431	0.4379	0.4544	0.4754
云南	0.4832	0.4717	0.4654	0.4755	0.4545	0.4492	0.4638
西藏	0.5346	0.5218	0.5088	0.5203	0.4582	0.5038	0.5162
陕西	0.4773	0.4736	0.4721	0.4725	0.4691	0.5163	0.5238
甘肃	0.4779	0.4550	0.4580	0.4484	0.4452	0.4442	0.4473
青海	0.5050	0.4846	0.4780	0.4776	0.4871	0.4763	0.4679
宁夏	0.5044	0.4889	0.4888	0.4806	0.4716	0.4694	0.4765
新疆	0.4604	0.4507	0.4514	0.4418	0.4468	0.4463	0.4512

附表 2-5　　　各地区城市基础设施类服务综合指数（2005~2011 年）

地区	2005 年	2006 年	2007 年	2008 年	2009 年	2010 年	2011 年
全国	0.4981	0.4983	0.4990	0.4977	0.4989	0.4990	0.4976
北京	0.4839	0.5999	0.5489	0.5514	0.5598	0.5651	0.5071
天津	0.5307	0.5489	0.4463	0.4540	0.4955	0.4852	0.5039
河北	0.5297	0.5236	0.5201	0.5132	0.5382	0.5528	0.5572
山西	0.4906	0.5086	0.4916	0.4894	0.4667	0.4661	0.4677
内蒙古	0.5517	0.5810	0.5767	0.5684	0.5353	0.5293	0.5519
辽宁	0.5333	0.5233	0.5134	0.5092	0.4824	0.4801	0.4713
吉林	0.5176	0.5373	0.5379	0.5469	0.5239	0.5264	0.4983
黑龙江	0.5682	0.6223	0.6048	0.6064	0.5723	0.5653	0.5390
上海	0.5056	0.4692	0.4679	0.4342	0.4537	0.4269	0.4201
江苏	0.5686	0.5198	0.5677	0.5761	0.5778	0.5637	0.5764
浙江	0.5678	0.4843	0.5372	0.5439	0.5608	0.5505	0.5602
安徽	0.4842	0.4550	0.4741	0.4805	0.4819	0.4811	0.5010
福建	0.5336	0.4381	0.4438	0.4680	0.4919	0.4869	0.4951
江西	0.4669	0.4410	0.4607	0.4770	0.4653	0.4679	0.4844
山东	0.4517	0.5005	0.5151	0.5238	0.5197	0.5273	0.5451
河南	0.4975	0.4772	0.4839	0.4734	0.4747	0.4657	0.4685
湖北	0.4598	0.4894	0.4959	0.4872	0.4994	0.4895	0.4944
湖南	0.4764	0.4603	0.4702	0.4693	0.4710	0.4712	0.4628
广东	0.4879	0.4008	0.4238	0.4644	0.4743	0.4745	0.4821
广西	0.4486	0.4335	0.4504	0.4383	0.4610	0.4527	0.4710
海南	0.4758	0.4384	0.4383	0.4245	0.4450	0.4572	0.4920
重庆	0.4540	0.4654	0.4551	0.4510	0.4286	0.4314	0.4575
四川	0.5029	0.4567	0.4637	0.4739	0.4889	0.4827	0.4869
贵州	0.4459	0.4130	0.4147	0.4174	0.4163	0.4237	0.4079
云南	0.4640	0.4361	0.4329	0.4575	0.4523	0.4587	0.4560
西藏	0.5013	0.6595	0.6164	0.5390	0.5354	0.5778	0.4924
陕西	0.4487	0.4394	0.4837	0.5009	0.5137	0.5171	0.5293
甘肃	0.4425	0.4251	0.4269	0.4379	0.4436	0.4470	0.4556
青海	0.5588	0.5922	0.5866	0.5736	0.5704	0.5764	0.5434
宁夏	0.4582	0.5300	0.5432	0.5380	0.5588	0.5646	0.5404
新疆	0.5365	0.5782	0.5775	0.5393	0.5059	0.5057	0.5074

附表 2-6　　　　各地区环保公共服务综合指数（2005～2011 年）

地区	2005 年	2006 年	2007 年	2008 年	2009 年	2010 年	2011 年
全国	0.4984	0.5018	0.4981	0.4954	0.4985	0.4955	0.4948
北京	0.6188	0.6261	0.5830	0.5588	0.5544	0.5196	0.5239
天津	0.6304	0.6390	0.6117	0.6013	0.5908	0.5816	0.5873
河北	0.4735	0.4914	0.4813	0.4845	0.4938	0.4713	0.4490
山西	0.3966	0.4034	0.4323	0.4529	0.4758	0.4906	0.4820
内蒙古	0.4376	0.4612	0.4651	0.4494	0.4769	0.4827	0.4882
辽宁	0.4647	0.4688	0.4433	0.4560	0.4516	0.4542	0.4487
吉林	0.4578	0.4263	0.4642	0.4382	0.4461	0.4563	0.4514
黑龙江	0.4857	0.4555	0.4537	0.4541	0.4511	0.4708	0.4656
上海	0.5302	0.5723	0.5825	0.5662	0.5636	0.5553	0.5376
江苏	0.6360	0.6334	0.6019	0.5954	0.5838	0.5692	0.5720
浙江	0.6173	0.6281	0.5868	0.5804	0.5824	0.5704	0.5681
安徽	0.4691	0.4911	0.5145	0.5142	0.5186	0.5159	0.5393
福建	0.5861	0.5381	0.5417	0.5467	0.5664	0.5440	0.5235
江西	0.4369	0.4571	0.4583	0.4728	0.4808	0.4710	0.4902
山东	0.5731	0.5999	0.5906	0.5705	0.5831	0.5652	0.5677
河南	0.5260	0.5048	0.4960	0.5174	0.5226	0.5240	0.5243
湖北	0.5405	0.4820	0.4940	0.4999	0.4950	0.5036	0.5052
湖南	0.4923	0.5095	0.5046	0.5153	0.5144	0.5268	0.5094
广东	0.5390	0.5627	0.5424	0.5318	0.5333	0.5317	0.5316
广西	0.5181	0.5110	0.5178	0.5145	0.5268	0.5157	0.5036
海南	0.5488	0.5533	0.5465	0.5456	0.5220	0.5168	0.4809
重庆	0.5310	0.5423	0.5544	0.5579	0.5628	0.5482	0.5459
四川	0.4959	0.5011	0.4866	0.5139	0.5061	0.4874	0.4762
贵州	0.4564	0.4912	0.4539	0.4615	0.4748	0.4776	0.4787
云南	0.5120	0.4273	0.4838	0.4875	0.4874	0.4807	0.4639
西藏	0.2698	0.2955	0.3690	0.2768	0.2791	0.2777	0.2817
陕西	0.4141	0.4817	0.4422	0.4588	0.4795	0.4788	0.5022
甘肃	0.3728	0.3681	0.3910	0.3836	0.3885	0.4125	0.4267
青海	0.5072	0.5304	0.4669	0.4374	0.4317	0.4286	0.4795
宁夏	0.4748	0.4896	0.4734	0.4773	0.4637	0.4922	0.4709
新疆	0.4393	0.4128	0.4067	0.4367	0.4450	0.4408	0.4634

附表 2 - 7　　　各地区农村公共卫生服务综合指数（2005 ~ 2011 年）

地区	2005 年	2006 年	2007 年	2008 年	2009 年	2010 年	2011 年
全国	0.4908	0.4884	0.4942	0.4908	0.4920	0.4915	0.4929
北京	0.6088	0.6082	0.6214	0.6353	0.6627	0.6677	0.6738
天津	0.5763	0.7685	0.7444	0.7236	0.7090	0.6824	0.6620
河北	0.4958	0.4533	0.4541	0.4464	0.4431	0.4338	0.4331
山西	0.4994	0.4175	0.4281	0.4260	0.4204	0.4177	0.4180
内蒙古	0.4245	0.3337	0.3407	0.3432	0.3507	0.3642	0.3870
辽宁	0.4012	0.3931	0.4045	0.4089	0.4172	0.4220	0.4287
吉林	0.4944	0.3769	0.3845	0.3796	0.3821	0.4030	0.4068
黑龙江	0.5069	0.3792	0.3902	0.3822	0.3842	0.3913	0.3883
上海	0.6422	0.7829	0.7729	0.7484	0.7294	0.6886	0.6746
江苏	0.5364	0.5227	0.5439	0.5560	0.5715	0.5702	0.5867
浙江	0.6008	0.6614	0.6624	0.6554	0.6532	0.6244	0.6181
安徽	0.4721	0.4218	0.4168	0.4114	0.4155	0.4164	0.4237
福建	0.5281	0.6372	0.6345	0.6314	0.6300	0.6156	0.6271
江西	0.5027	0.5000	0.5187	0.5155	0.5193	0.5157	0.5267
山东	0.5392	0.5263	0.5340	0.5256	0.5289	0.5190	0.5214
河南	0.4785	0.5765	0.5752	0.5679	0.5433	0.5091	0.5111
湖北	0.5066	0.5104	0.5229	0.5206	0.5200	0.5068	0.5115
湖南	0.4665	0.4682	0.4817	0.4719	0.4687	0.4588	0.4567
广东	0.4760	0.5311	0.6694	0.6516	0.6442	0.6195	0.6125
广西	0.5616	0.6634	0.5368	0.5317	0.5345	0.5313	0.5245
海南	0.4993	0.5607	0.5576	0.5519	0.5324	0.5646	0.5545
重庆	0.4653	0.5423	0.5416	0.5321	0.5322	0.5273	0.5379
四川	0.4217	0.4558	0.4650	0.4712	0.4930	0.4884	0.4922
贵州	0.4114	0.3686	0.3792	0.3854	0.3859	0.3924	0.3996
云南	0.4984	0.4378	0.4441	0.4387	0.4385	0.4325	0.4347
西藏	0.2681	0.2687	0.2713	0.2690	0.2695	0.2689	0.2696
陕西	0.4039	0.4317	0.4288	0.4386	0.4463	0.4428	0.4549
甘肃	0.4627	0.3897	0.3994	0.4036	0.4070	0.4137	0.4390
青海	0.5238	0.3707	0.3842	0.3779	0.3754	0.3790	0.3772
宁夏	0.4202	0.4053	0.4156	0.4173	0.4403	0.4629	0.4726
新疆	0.4414	0.3757	0.3962	0.3958	0.4043	0.5079	0.4568

参 考 文 献

1. 安体富、任强：《公共服务均等化：理论、问题与对策》，载《财贸经济》2007 年第 8 期。

2. 安体富、任强：《中国公共服务均等化水平指标体系的构建——基于地区差别视角的量化分析》，载《财贸经济》2008 年第 6 期。

3. 安体富、任强：《中国省际基本公共服务均等化水平的变化趋势：2000 年至 2010 年》，载《财政监督》2012 年第 15 期。

4. 安体富、任强：《政府间财政转移支付与基本公共服务均等化》，载《经济研究参考》2010 年第 47 期。

5. C. V. 布朗、P. M. 杰克逊著：《公共部门经济学》，中国人民大学出版社 2000 年版。

6. 常修泽：《公共服务均等化亟须体制支撑》，载《瞭望》2007 年第 7 期。

7. 陈昌盛：《基本公共服务均等化：中国行动路线图》，载《财会研究》2008 年第 2 期。

8. 崔运政：《财政分权与完善地方财政体制研究》，中国社会科学出版社 2012 年版。

9. 丁菊红、邓可斌：《政府偏好、公共品供给和转型中的财政分权》，载《经济研究》2008 年第 7 期。

10. 丁元竹：《我国现阶段基本社会保障均等化初步评估》，载《国家行政学院学报》2009 年第 6 期。

11. 范子英、张军：《粘纸效应：对地方政府规模膨胀的一种解释》，载《中国工业经济》2010 年第 12 期。

12. 范子英：《转移支付、基础设施投资与腐败》，载《经济社会体制比较》2013 年第 2 期。

13. 冯海波、陈旭佳：《公共医疗卫生支出财政均等化水平的实证考察——以广东省为样本的双变量泰尔指数分析》，载《财贸经济》2009 年第 1 期。

14. 冯海波：《农民负担问题与农村公共物品供给——历史的回望与思索》，经济科学出版社 2012 年版。

15. 伏润民、常斌、缪小林：《我国地区间公共事业发展成本差异评价研究》，载《经济研究》2010 年第 4 期。

16. 傅勇、张晏：《中国式财政分权与财政支出结构偏向：为增长而竞争的代价》，载《管理世界》2007 年第 3 期。

17. 傅勇：《中国式分权与地方政府行为：探索转变发展模式的制度性框架》，复旦大学出版社 2010 年版。

18. 付文林、沈坤荣：《均等化转移支付和地方财政支出结构》，载《经济研究》2012 年第 5 期。

19. 高培勇：《公共化：公共财政的实质》，载《人民日报》2004 年 10 月 22 日。

20. 高培勇、温来成：《市场化进程中的中国财政运行机制》，中国人民大学出版社 2001 年版。

21. 高培勇：《由适应市场经济体制到匹配国家治理体系——关于新一轮财税体制改革基本取向的讨论》，载《财贸经济》2014 年第 3 期。

22. 官永彬：《财政分权体制下的区域基本公共服务差距研究》，西南财经大学，2011 年。

23. 郭庆旺、贾俊雪：《中央转移支付与地方公共服务提供》，载《世界经济》2008 年第 9 期。

24. 胡德仁、刘亮：《财政转移支付对地方财政供养人口规模控制努力程度的影响——以河北省为例》，载《公共管理研究》2009 年第 00 期。

25. 胡德仁、刘亮：《中国地区间财政能力差异与转移支付政策取向——以地区间公共支出成本差异为视角》，载《审计与经济研究》2010 年第 2 期。

26. 胡祖铨、黄夏岚、刘怡：《中央对地方转移支付与地方征税努力——来自中国财政实践的证据》，载《经济学（季刊)》2013 年第 3 期。

27. 黄佩华:《21 世纪的中国能转变经济发展模式吗?》,载《比较》2005 年第 18 期。

28. "基本公共服务均等化与政府财政责任"课题组:《基本公共服务均等化与政府财政责任》,载《财会研究》2008 年第 6 期。

29. 贾俊雪、郭庆旺、宁静:《财政分权、政府治理结构与县级财政解困》,载《管理世界》2011 年第 1 期。

30. 贾晓俊:《促进公共服务均等化的均衡性转移支付改革方案设计》,载《财政研究》2011 年第 6 期。

31. 江庆:《省际间财力差距的地区分解和结构分解》,载《统计研究》2009 年第 6 期。

32. 金人庆:《完善公共财政制度逐步实现基本公共服务均等化》,载《求是》2006 年第 22 期。

33. 李萍:《财政体制简明图解》,中国财政经济出版社 2010 年版。

34. 李齐云、刘小勇:《分税制、转移支付与地区财政差距研究》,载《财贸经济》2009 年第 12 期。

35. 李万慧:《中国财政转移支付制度优化研究》,中国社会科学出版社 2011 年版。

36. 李晓嘉、刘鹏:《财政支出视角下的基础教育公共服务均等化研究》,载《财经科学》2009 年第 11 期。

37. 李一花、李阳、李秀玲:《财政转移支付制度均等化效果的实证分析》,载《地方财政研究》2012 年第 7 期。

38. 李永友、沈玉平:《转移支付与地方财政收支决策——基于省级面板数据的实证研究》,载《管理世界》2009 年第 11 期。

39. 林毅夫、刘志强:《中国的财政分权与经济增长》,载《北京大学学报》(哲学社会科学版)2000 年第 4 期。

40. 刘德吉:《基本公共服务均等化:基础、制度安排及政策选择——基于制度经济学视角》,上海社会科学院,2010 年。

41. 刘尚希:《基本公共服务均等化的目标是促进居民消费平等化》,载《中国财政》2007 年第 7 期。

42. 刘尚希:《逐步实现基本公共服务均等化的路径选择》,载《中国财政》2007 年第 3 期。

43. 刘小勇：《分税制、转移支付与地方政府财政努力》，载《南方经济》2012 年第 5 期。

44. 刘勇政、赵建梅：《论分税制下财政转移支付与地方财政努力差异——基于功能与地区多重分类考察的另类荷兰病分析》，载《财经研究》2009 年第 12 期。

45. 楼继伟：《完善转移支付制度，推进基本公共服务均等化》，载《中国财政》2006 年第 3 期。

46. 吕炜、刘国辉：《中国教育均等化若干影响因素研究》，载《数量经济技术经济研究》2010 年第 5 期。

47. 吕炜、王伟同：《政府服务性支出缘何不足——基于服务性支出体制性障碍的研究》，载《经济社会体制比较》2010 年第 1 期。

48. 马国贤：《基本公共服务均等化的公共财政政策研究》，载《财政研究》2007 年第 10 期。

49. 马骏：《中央向地方的财政转移支付——一个均等化公式和模拟结果》，载《经济研究》1997 年第 3 期。

50. 倪红日、张亮：《基本公共服务均等化与财政管理体制改革研究》，载《管理世界》2012 年第 9 期。

51. 平新乔：《中国地方政府支出规模的膨胀趋势》，载《经济社会体制比较》2007 年第 1 期。

52. 乔宝云、范剑勇、彭骥鸣：《政府间转移支付与地方财政努力》，载《管理世界》2006 年第 3 期。

53. 莎莉·瓦勒斯：《政府间转移支付》，收录于杨灿明：《政府间转移支付制度研究文集》，经济科学出版社 2000 年版。

54. 孙德超：《财政体制的政治分析》，社会科学文献出版社 2012 年版。

55. 孙勇：《我国财政均等化现状及形成机理分析》，载《财经问题研究》2009 年第 8 期。

56. 汤玉刚：《"中国式"分权的一个理论探索——横向与纵向政府间财政互动及其经济后果》，经济管理出版社 2012 年版。

57. 田发：《基本公共服务均等化与地方财政体制变迁》，中国财政经济出版社2013年版。

58. 田发、周琛影：《区域基本公共服务均等化与财政体制测度——一个分析框架》，载《改革》2013年第1期。

59. 田发、周琛影：《中国四大区域财政均等化考量》，载《经济社会体制比较》2010年第6期。

60. 万广华：《不平等的度量与分解》，载《经济学（季刊）》2009年1期。

61. 汪玉凯等：《基本公共服务与中国人类发展：基本公共服务均等化与政府责任》，中国经济出版社2008年版。

62. 温家宝：《政府工作报告——2004年3月5日在第十届全国人民代表大会第二次会议上》，收录于《中华人民共和国全国人民代表大会常务委员会公报》，2004年。

63. 项继权、袁方成：《我国基本公共服务均等化的财政投入与需求分析》，载《公共行政评论》2008年第3期。

64. 王飞鹏：《我国公共就业服务均等化问题研究》，首都经济贸易大学，2012年。

65. 王晓洁：《中国公共卫生支出均等化水平的实证分析——基于地区差别视角的量化分析》，载《财贸经济》2009年第2期。

66. 王晓洁：《中国基本公共文化服务地区间均等化水平实证分析》，载《财政研究》2012年第3期。

67. 王莹：《基础教育服务均等化——基于度量的实证考察》，载《华中师范大学学报》2009年第1期。

68. 王雍君：《财政制度与国家治理的深层关系》，载《人民论坛》2014年第6期。

69. 王郁、范莉莉：《环保公共服务均等化的内涵及其评价》，载《中国人口、资源与环境》2012年第8期。

70. 王振宇：《分税制财政管理体制模式特征及多维视角改革构想》，载《经济社会体制比较》2014年第1期。

71. 温娇秀、蒋洪：《我国基础教育服务均等化水平的实证研究——基于双变量泰尔指数的分析》，载《财政研究》2013 年第 6 期。

72. 吴胜泽：《中国政府间转移支付制度效率研究》，经济科学出版社 2012 年版。

73. 熊波：《公共服务均等化视角下的财政转移支付：理论、现实与出路》，载《经济体制改革》2009 年第 2 期。

74. 徐涛：《转移支付对县级财政支出稳定效应的实证分析：基于 1993～2006 年中国县级面板数据》，载《公共管理评论》2011 年第 1 期。

75. 徐永胜、乔宝云：《财政分权度的衡量：理论及中国 1985～2007 年的经验分析》，载《经济研究》2012 年第 10 期。

76. 尹恒、康琳琳、王丽娟：《政府间转移支付的财力均等化效应——基于中国县级数据的研究》，载《管理世界》2007 年第 1 期。

77. 尹恒、王文斌、沈拓彬：《中国县级地区财力差距及其影响因素研究》，载《北京师范大学学报》（社会科学版）2010 年第 6 期。

78. 尹恒、朱虹：《县级财政生产性支出偏向》，载《中国社会科学》2011 年第 1 期。

79. 袁飞、陶然、徐志刚、刘明兴：《财政集权过程中的转移支付和财政供养人口规模膨胀》，载《经济研究》2008 年第 5 期。

80. 曾红颖：《我国基本公共服务均等化标准体系及转移支付效果评价》，载《经济研究》2012 年第 6 期。

81. 曾军平：《政府间转移支付制度的财政平衡效应研究》，载《经济研究》2000 年第 6 期。

82. 曾明：《转移支付过程中的地方政府行为：公共选择的视角》，收录于中国行政管理学会：《中国特色社会主义行政管理体制研讨会暨中国行政管理学会第 20 届年会论文集》，中国行政管理学会，2010 年。

83. 赵怡红、李峰：《基本公共服务地区间均等化：基于政府主导的多元政策协调》，载《经济学家》2009 年第 5 期。

84. 张恒龙、陈宪：《我国财政均等化现状研究：1994～2004》，载《中央财经大学学报》2006 年第 12 期。

85. 张恒龙、葛骅：《转移支付的类型、资金分配结构与财政均等化绩效》，载《经济经纬》2012 年第 1 期。

86. 张恒龙、毛雁冰、秦鹏亮：《中国公共服务均等化的政策与成效》，载《上海大学学报》（社会科学版）2013 年第 1 期。

87. 张军：《分权与增长：中国的故事》，载《经济学（季刊）》2008 年第 1 期。

88. 张鸣鸣、夏杰长：《中国省际间基本公共服务差距的实证分析与政策建议》，载《经济研究参考》2009 年第 38 期。

89. 张启春：《中国区域差距与政府调控——财政平衡机制和支持系统》，商务印书馆 2005 年版。

90. 中国社会科学院财经战略研究院课题组、高培勇、杨志勇：《推进政府间财政关系调整》，载《经济研究参考》2014 年第 22 期。

91. 中华人民共和国财政部预算司：《2011 年中央对地方均衡性转移支付办法》，http：//yss. mof. gov. cn/zhengwuxinxi/201106/t20110627. html。

92. 中华人民共和国国务院：《关于加强地方政府债务管理的意见》，http：//www. gov. cn/zhengce/content/2014 – 10/02/content_ 9111. htm。

93. 中华人民共和国国务院：《关于深化预算管理制度改革的意见》，http：//www. gov. cn/zhengce/content/2014 – 10/08/content_ 9125. htm。

94. 中兼和津次：《中国地区差异的结构及其机制》，载《管理世界》1994 年第 5 期。

95. 周飞舟：《分税制十年：制度及其影响》，载《中国社会科学》2006 年第 6 期。

96. 周黎安：《中国地方官员的晋升锦标赛模式研究》，载《经济研究》2007 年第 7 期。

97. 左翔、殷醒民、潘孝挺：《财政收入集权增加了基层政府公共服务支出吗？以河南省减免农业税为例》，载《经济学（季刊）》2011 年第 4 期。

98. Andrew Reschovsky, Compensating Local Governments for Differences in Expenditure Needs in a Horizontal Fiscal Equalization Program, Boadway and Shah. *Intergovernmental Fiscal Transfers*, in Public Sector, Governance and Accountability Series. Washington D. C. : the World Bank, 2007, 397 – 424.

99. Anja Eichhorst, "Evaluating the Need Assessment in Fiscal Equalization Schemes at the Local Government Level", *The Journal of Socio – Economics*,

2007, 36: 745 -770.

100. Anwar Shah, "A Fiscal Need Approach to Equalization", *Canadian Public Policy*, 1996, 22 (2): 99 -115.

101. Anwar Shah, "Fiscal Decentralization in Developing and Transition Economies: Progress, Problems, and the Promise", *World Bank Policy Research Working Paper*, No. 3282, 2004.

102. Anwar Shah, Institutional Arrangements for Intergovernmental Fiscal Transfers and a Framework for Evaluation, Martinez - Vazquez and Searle. *Fiscal Equalization*. US Springer, 2007, 141 -162.

103. Baretti, Huber and Lichtblau, "A Tax on Tax Revenue: The Incentive Effects of Equalizing Transfers: Evidence from Germany", *International Tax and Public Finance*, 2002, 9 (6): 631 -649.

104. Blanchard and Shleifer, "Federalism with and without Political Centralization: China versus Russia", IMF Staff papers, 2001, 48: 171 -179.

105. Boadway and Flatters, "Efficiency and Equalization Payment in a Federal System of Government: a Synthesis and Extention of Recent Results", *Canadian Journal of Economics*, 1982, 15 (4): 613 -633.

106. Boyne, Powel and Ashworth, "Spatial Equity and Public Services: An Empirical Analysis of Local Government Finance in England", *Public Management Review*, 2001, 3 (1): 19 -34.

107. Bradford and Oates, "The Analysis of Revenue Sharing in a New Approach to Collective Fiscal Decisions", *Quarterly Journal of Economics*, 1971, 85 (3): 416 -439.

108. Brian Knight, "Endogenous Federal Grants and Crowd - Out of State Government Spending: Theory and Evidence from the Federal Highway Aid Program", *American Economic Review*, 2002, 92: 71 -92.

109. Buchanan and Goets, "Efficiency Limits of Fiscal Mobility: an Assessment of the Tiebout Hypothesis", *Journal of Political Economics*, 1972, 01: 25 -43.

110. Buchanan and Wagnar, An Efficiency Basis for Federal Fiscal Equali-

zation, Julius Margolis, *The Analysis of Public Output*, UMI, 1970.

111. Case, Rosen and Hines Jr. , "Budget Spillovers and Fiscal Policy Interdependence: Evidence from the States", *Journal of Public Economics*, 1993, 52 (3): 285 – 307.

112. Dahlby and Wilson, "Fiscal Capacity, Tax Effort and Optimal Equalization Grants", *Canadian Journal of Economics*, 1994, 27: 657 – 672.

113. David King, *Fiscal Tiers: The Economics of Multi – Level Government*, London: Allen & Unwin, 1984.

114. David Peloquin, The Nature of Equalization: Objectives and Consequences, Martinez-Vazquez and Searle, *Fiscal Equalization*, US Springer, 2007: 129 – 137.

115. David Wildason, "Locational Efficiency in a Federal System", *Regional Science and Urban Economics*, 1980, 10: 453 – 471.

116. Douglas Clark, Canadian Experience with the Representative Tax System as a Means of Measuring the Relative Fiscal Capacities of Provincial and Local Governments, *Testimony before the Unites States Senate Committee on Governmental Affairs Subcommittee on Intergovernmental Relations*, 1983.

117. Douglas Clark, *Fiscal Need and Revenue Equalization Grants*, Toronto: Canadian Tax Foundation, 1969.

118. Duncan and Smith, On the Use of Statistical Techniques to Infer Territorial Spending Needs in Developments, Pola and Levaggi, *Local Governments Finance: Theory and Policy*, Cheltenham: Edward Elgar Publishing Lted, 1996: 24 – 39.

119. Edward Gramlich, "State and Local Governments and Their Budget Constraint", *International Economic Review*, 1969, 10 (2): 163 – 182.

120. Egger, Koethenbuerger and Smart, "Do Fiscal Transfers Alleviate Business Tax Competition? Evidence from Germany", *Journal of Public Economics*, 2010, 94: 235 – 246.

121. Eric Hanson, *Fiscal Needs of Canadian Provinces*, Toronto: Canadian Tax Foundation, 1961.

122. Figuieres, Hindriks and Myles, "Revenue Sharing versus Expenditure Sharing in a Federal System", *International Tax and Public Finance*, 2004, 11 (2): 155 –174.

123. Geoffrey Turnbull, "Fiscal Illusion, Uncertainty, and the Flypaper Effect", *Journal of Public Economics*, 1992, 48 (2): 207 –223.

124. Hines and Thaler, "Anomalies: the Flypaper Effect", *The Journal of Economic Perspectives*, 1995, 09 (4): 217 –226.

125. Hofman and Guerra, Ensuring Inter – regional Equity and Poverty Reduction, Martinez – Vazquez and Searle. *Fiscal Equalization*, US Springer, 2007: 31 –60.

126. Hull and Searle, The Impact of Equalization on Service Delivery, Martinez – Vazquez and Searle. *Fiscal Equalization*, US Springer, 2007: 61 –94.

127. Ihori and Itaya, "Fiscal Reconstruction and Local Government Financing", *International Tax and Public Finance*, 2004, 11 (1): 55 –67.

128. James Buchanan, "Federalism and Fiscal Equity", *American Economic Review*, 1950, 04: 583 –599.

129. James Fossett, "On Confusing Caution and Greed: A Political Explanation of the Flypaper Effect", *Urban Affairs Review*, 1990, 26 (1): 95 – 117.

130. James Wilde, "The Expenditure Effects of Grant – in – aid Programs", *National Tax Journal*, 1968, 21 (3): 340 –348.

131. Janos Kornai, "Resource Constrained versus Demand Constrained Systems", *Econometrica: Journal of the Econometric Society*. 1979, 47 (4): 801 –819.

132. Jin, Qian and Weingast, "Regional Decentralization and Fiscal Incentives: Federalism, Chinese Style", *Journal of Public Economics*, 2005, 89: 1719 –1742.

133. Kai – yuen Tsui, "Local Tax System, Intergovernmental Transfers and China's Local Fiscal Disparities", *The Journal of Comparative Economics*,

2005，33：173 – 196.

134. Kessler, Hansen and Lessmann，"Interregional Redistribution and Mobility in Federations：a Positive Approach"，*The Review of Economic Studies*，2011，78（4）：1345 – 1378.

135. Kessler and Lessmann，*Interregional Redistribution and Regional Disparities：How Equalization does（not）Work*，Centre for Economic Policy Research，2010.

136. Leonzio Rizzo，"Local Government Responsiveness to Federal Transfers：Theory and Evidence"，*Int Tax Public Finance*，2008，15：316 – 337.

137. Martinez – Vazquez and Boex，Fiscal Capacity：An Overview of Concepts and Measurement Issues and Their Applicability in the Russian Federation，Working paper No. 1027，International Center for Public Policy，Andrew Young School of Policy Studies，Georgia State University，1997.

138. Martinez-Vazquezand Timofeev，The Long and Winding Road to Local Fiscal Equity in the United States：A Fifty Year Retrospective. Working paper No. 1027，International Center for Public Policy，Andrew Young School of Policy Studies，Georgia State University，2010.

139. Mclure Charles Jr.，The Sharing of Tax on Natural Resources and the Future of the Russian Federalism，Christine Wallich，*Russia and the Challenge of Reform*. Palo Alto，Calif：Hoover Institution Press，1994.

140. Petchey and Levtchenkova. Fiscal Capacity Equalization and Economic Efficiency：the Case of Australia，Martinez – Vazquez and Searle，*Fiscal Equalization*. US Springer，2007：13 – 30.

141. Robert Inman. The Flypaper Effect，Working Paper No. 14579，National Bureau of Economic Research，2008.

142. Robert Logan，"Fiscal Illusion and the Grantor Government"，*Journal of Political Economy*，1986，94（6）：1304 – 1318.

143. Robin Boadway，"The Theory and Practice of Equalization"，*Cesifo Economic Studies*，2004，50：211 – 254.

144. Roemer and Trannoy，"Equality of Opportunity"，*Cowles Foundation*

Discussion Paper, No. 1921, 2013, Available at SSRN: http: //ssrn. com/abstract = 2345357.

145. Sam Bucovetsky, "Insurance and Incentive Effects of Transfers among Regions: Equity and Efficiency", *International Tax and Public Finance*, 1997, 4 (4): 463 – 483.

146. Searle and Martinez-Vazquez. The Nature and Functions of Tied Grants, Martinez-Vazquez and Searle. *Fiscal Equalization*, US Springer, 2007: 403 434.

147. Sergll Slukhal, "Fiscal Equalization in Transition Countries: Searching for the Right Policy", *Dilemmas and Compromises: Fiscal Equalization in Transition Countries*, 2003: 12.

148. Spahn. Intergovernmental Transfers: the Funding Rule and Mechanism, Martinez-Vazquez and Searle. *Fiscal Equalization*, US Springer, 2007: 163 – 204.

149. Thomas Courchene. *Equalization Payments: Past, Present and Future*, Toronto: Ontario Economic Council, 1984.

150. United States Advisory Commission on Intergovernmental Relations. Measuring State Fiscal Capacity: Alternative Methods and Their Uses, *Information Report M* – 150. Washington, D. C. : ACIR, 1986.

151. Wallace Oates. Lump-sum Intergovernmental Grants Have Price Effects, Mieszkowski and Oakland. *Fiscal Federalism and Grants in Aid*. Washington, D. C. : The Urban Institute, 1979.

152. Wallace Oates, "Toward a Second-Generation Theory of Fiscal Federalism", *International Tax and Public Finance*, 2005, 12 (4): 349 – 373.

后　记

进入 21 世纪以来，基本公共服务均等化这一关系到社会公平和政治稳定的重要议题一直受到社会各界的广泛关注。从 2005 年 10 月出台的《国民经济和社会发展第十一个五年规划纲要》到 2012 年 11 月的十八大报告，再到近期的十九大报告关于我国社会主要矛盾转变的新论述，无不彰显了这一议题深刻的现实意义，对理论研究的要求与期待也在不断提升。我对这一主题的认识与关注开始于硕士阶段区域经济学专业的学习，博士阶段正式接触财政学理论体系，开始将二者结合起来对均等化问题进行初步研究并撰写博士论文。本书是在博士论文基础上修改而成，是对我几年来求学与研究生活的一个小结。

首先，衷心感谢我的博士生导师冯海波教授，他不仅在论文指导上为我倾注了大量时间和心血，在知识传授、求职应聘乃至为人处世等各方面，为我耗费精力更多，使我受益终身。读博期间，但凡取得些许进步与成绩，都得益于老师的言传身教。作为老师的第一届博士生，一则深感荣幸，二则得到了老师和师母在学业与生活上对我无微不至的关怀及包容，所以每每因自身积累不足、用功不够而未能达成预定目标时，自责更甚。师恩永存，值此书成稿出版之际，祝愿恩师身体健康，阖家幸福。

其次，暨大求学三载，财税系的沈肇章、高艳荣、廖家勤、杨森平、余英、魏朗等多位教授对我悉心教授与指导，在论文的写作过程中与我多番讨论，给予了大量有益的启发与建议。同时，尤为感念硕士阶段的导师——华中师范大学的张启春教授。正是张老师的启蒙与感染激发了我对学术研究的兴趣，有幸考取博士生后，张老师依然关注我的学业与生活。求学之路免不了挫折迷惘，幸运的是总能遇到学识渊博、治学严谨，对我又关怀备至的师长，使我始终保持对知识的渴求、对人生的信念。

此外，本书之所以能够顺利面世，一是与我现在的工作单位——广东财经大学财政税务学院的培养与支持密不可分，学院为青年教师的成长与进步提供了良好的平台与氛围，激励着我在教学科研的道路上继续努力；二是感谢经济科学出版社李洪波副社长与赵蕾编辑的辛勤付出，一再包容我的疏漏与延误。

最后，感谢家人对我求学二十余载如一日的支持与鼓励，你们是我努力的原因和动力。对于在成长道路上帮助过我的所有人，虽不能一一列出，我在此都心怀感念并祝愿安好。受限于学术功底与研究能力，本书难免存在观点不成熟、论证不严密之处，文责自负，敬请学者同仁批评指正。

广东财经大学财政税务学院 方元子

2017 年 11 月

图书在版编目（CIP）数据

政府间转移支付与区域基本公共服务均等化/方元子著.
—北京：经济科学出版社，2017. 8
ISBN 978 - 7 - 5141 - 8298 - 9

Ⅰ. ①政…　Ⅱ. ①方…　Ⅲ. ①国家行政机关 - 财政
转移支付 - 研究 - 中国②公共服务 - 研究 - 中国
Ⅳ. ①F812. 45②D669. 3

中国版本图书馆 CIP 数据核字（2017）第 184954 号

责任编辑：赵　蕾
责任校对：刘　昕
责任印制：李　鹏

政府间转移支付与区域基本公共服务均等化

方元子　著

经济科学出版社出版、发行　新华书店经销

社址：北京市海淀区阜成路甲 28 号　邮编：100142

总编部电话：010 - 88191217　发行部电话：010 - 88191540

网址：www. esp. com. cn

电子邮箱：esp@ esp. com. cn

天猫网店：经济科学出版社旗舰店

网址：http://jjkxcbs. tmall. com

北京季蜂印刷有限公司印装

710 × 1000　16 开　10. 75 印张　190000 字

2017 年 12 月第 1 版　2017 年 12 月第 1 次印刷

ISBN 978 - 7 - 5141 - 8298 - 9　定价：36. 00 元